UM ABACATEIRO NO QUINTAL

Gabriel Rodrigues Cervantes

UM ABACATEIRO NO QUINTAL

edições
correio fraterno

1ª edição
Fevereiro de 2005
by
Projeto gráfico, diagramação e capa: Patricia Figueiredo
Revisão: Sônia Cervantes

Editora Espírita Correio Fraterno do ABC
Avenida Humberto de Alencar Castelo Branco, 2955
09851-000 - S. Bernardo do Campo - SP - Caixa Postal 58 - 09720-971

O produto desta obra, e de todas as atividades da Editora Espírita Correio Fraterno do ABC, é destinado à divulgação da Doutrina Espírita e às obras de assistência do Lar da Criança Emmanuel.

*Para Iracema, minha esposa amiga
e companheira, cuja paciência e dedicação
têm sido meu porto seguro.
Para Sônia e Sílvia, filhas queridas,
que só nos trouxeram alegria.
Para Mateus e Lucas, netos amados, luzes de nossas
vidas, e para o Miro, nosso genro e pai de ambos.*

*Meus agradecimentos a Sônia Cervantes,
minha filha, pelas sugestões sensatas e
paciência na revisão de meus textos.
A meu pai, meu melhor amigo,
que me ensinou na vida o caminho das pedras.
À minha mãe, esteio da nossa numerosa família.
A meus sogros, que me receberam como filho.
Ao Centro Espírita Obreiros do Senhor,
que me abriu as portas para uma nova vida.*

Nota do autor

Não me considero escritor. E inicio esta nota confessando isso, atrevendo-me a parodiar Dom Quixote nos célebres conselhos a Sancho Pança, quando o escudeiro se preparava para ser o pretenso governador de uma imaginária ilha. Disse o Cavaleiro da Triste Figura ao seu fiel escudeiro: "Quando fores governador, amigo Sancho, logo de início confesses ao povo que és filho de lavradores, para que não aconteça te jogarem mais tarde isso em rosto". Após esses esclarecimentos, continuo, dizendo que apenas gosto de escrever e o faço desde os áureos tempos do grupo escolar. Posteriormente, nos bons e longos anos de estudante noturno, esse meu gosto pela escrita me foi de muita utilidade. Muitas vezes me safei de reprovações ou segundas épocas, com minhas descrições, dissertações e narrações, nas sabatinas e provas de português. Tão bons ficavam meus textos, que os professores relevavam os erros freqüentes de ortografia e acentuação, com os quais até hoje me vejo às turras. Agora, jubilado, me entreguei com mais afinco a esse mister. Também não terei a ousadia de apresentar esse meu escrito como sendo um livro. Digamos que é uma história que me propus a escrever como uma singela homenagem a um amigo. Trata-se de uma história curta, que talvez não emocione ninguém além de mim, e que, na tentativa de alongá-la um pouco mais, procurando torná-la útil, aproveitei para colocar nos entremeios mensagens a quem interessar possam. As mensagens são espíritas, porque o fato que originou esta narrativa ocorreu dentro de um Centro Espírita. Se omito nomes, não é por temor de magoar algum personagem, mas, porque o amigo objeto da homenagem é uma árvore, que apesar de ter sido muito especial para mim, era um simples vegetal, razão pela qual vi por bem não constrangê-lo ofuscando-o com nomes humanos. É também uma história sem data, porque pensei que tanto a amizade narrada, como as mensagens contidas no escrito dispensam tempo e espaço determinados. Aconteceu em algum lugar que poderia ser qualquer um, e não faria a mínima diferença. E com referência ao sentimento de amizade, penso que não deverá permanecer circunscrito a pessoas e animais, mas um dia certamente se espalhará por toda a natureza, imitando as ondas de um lago, atingido por uma pedra. Quanto às mensagens, desculpem a pretensão, mas espero que venham a fazer morada no coração e na mente daquele que porventura vier a ler esse escrito, para em seguida, quem sabe, materializar-se em ações beneméritas plenas de possibilidades evolutivas.

São Bernardo do Campo, março de 2004.

Sumário

Prefácio 13
1. O presente 17
2. Quando um não quer... 25
3. Pedido de socorro 33
4. Cerimônias e rituais 43
5. É dando que se recebe 47
6. E o "milagre" aconteceu 55
7. Podia ser pior... 63
8. Flores de saudade e de esperança 67
9. Marta e Maria 73
10. Nem tudo eram flores 85
11. Um beijo de Judas 91
12. Diálogo insólito 97
13. A dor da perda 107
14. Enfim, a aceitação 111

"A enxertia do alto procura-nos através de mil modos.

Hoje, é na palestra edificante de um companheiro.

Amanhã será num livro amigo.

Depois, virá por intermédio de uma dádiva aparentemente insignificante da senda."

Emmanuel

Prefácio

Amigo leitor,
Que a paz de Jesus o envolva hoje e sempre!
É uma alegria acercar-me do seu coração. Tenho certeza absoluta que ao debruçar-se sobre as páginas deste singelo livro, alimentar-se-á das vibrações que cada uma delas irradia em direção a você.
A singeleza da qual me refiro é na forma simples e direta do autor comunicar-se. É muito difícil conquistar a condição de simplicidade e magnetizar o amante da leitura para uma atenção direta do começo ao fim.
Tendo a honra de abrir este compêndio valioso (mesmo sem o merecer) através deste humilde prefácio, pressinto os prezados leitores viajando como eu, no mundo das recordações das fases da vida terrena, onde etapas se fixaram marcando momentos de sonhos e de expectativas do nosso escritor.
Quem não se lembrará de uma árvore amiga e frondosa, abrigando pássaros cantores, ofertando frutos apetitosos e servindo tantas vezes de abrigo, até de esconderijo e de confidente nos momentos de tristeza e solidão?
Ao conhecer a história do abacateiro do querido amigo e irmão de doutrina espírita, dedicado e incansável, Gabriel Rodrigues Cervantes, acompanhei cada frase, retendo-me às recordações da minha infân-

cia. Admirava da janela da dispensa de nossa humilde casa, na cidade interiorana, o meu pé de goiaba.

Nas tardes chuvosas, observava ansiosa o fim da chuva, para que desse tempo dos raios do sol aparecerem, a fim de que as goiabas verdinhas amadurecessem depressa.

Nestes momentos, cheguei, mesmo, até a sentir o sabor gostoso de uma delas, condicionada pelas felizes lembranças.

Por que seria diferente com o seu abacateiro, Gabriel?

As grandes verdades, que sabiamente coloca nas suas elucidações da doutrina consoladora, convidam a todos a uma introspecção positiva, salutar e delas surgirão interesses diversificados para análise e novas descobertas.

O grande pesquisador e cientista japonês Dr. Masaro Emoto conseguiu provar ao mundo, nas suas experiências, fotografando uma molécula de água após cristalizá-la pela baixa temperatura, o que uma oração, um sentimento de gratidão de um muito obrigado, uma música suave, podem fazer. É impressionante a transformação da gotícula congelada, retratada em suas formas geométricas perfeitas, irradiando luminosidade, assemelhando-se a uma jóia rara. Quando, porém, a experiência se dá com palavras agressivas, idéias de destruição, ou ao som de música estridente ou metálica, a mesma molécula se desestrutura nas suas formas, tornando-se escura, sem brilho. Com as plantas e espécies variadas do reino vegetal, também acontecerá o mesmo. O abacateiro do nosso escritor Gabriel também guardou, no princípio espiritual embrionário, a atração magnética de quem tanto se preocupou com ele. O magnetismo amoroso é transmitido não só pela presença de quem cuida, como também a distância pelo carinho de quem muito ama.

Perdoe as minhas digressões, coração amigo! Há muitos mistérios que a vã filosofia materialista ainda não conseguiu alcançar, e que está à disposição dos simples e dos humildes, considerados como pobres de espíritos nos ensinos de Jesus.

No Evangelho do Nosso Mestre, nas anotações do evangelista Mateus (5.2-12), o Médico de nossas almas legou-nos o Sermão da Montanha, conhecido também como o Sermão das bem-aventuranças, código de amor a ser vivenciado por todos nós, com tudo e com todos.

Simplicidade é conquista do espírito eterno e nas páginas de "Um abacateiro no quintal" descobrimos caminhos para vivenciá-la.

Bom entretenimento! É com imenso carinho que desejo a todos que irão embevecer-se na leitura deste livro.

Após meditarmos sobre as verdades da doutrina espírita nele contidas, proponhamo-nos às mudanças reais, intransferíveis, enquanto é tempo, antes da nossa viagem à vida além da vida.

Conhecer os ensinamentos de Jesus à luz da doutrina espírita é libertar-se de todos os receios, é descobrir que a felicidade é feita da felicidade que se reparte.

A menor das menores de todas as servas, eternamente agradecida.

Miltes

Miltes Apparecida Soares de Carvalho Bonna – integrante da equipe fundadora do Ceos – Centro Espírita Obreiros do Senhor e Presidente da Diretoria da IAM – Instituição Assistencial Meimei de São Bernardo do Campo – São Paulo.

1
O presente

Todos os episódios em que somos envolvidos, direta ou indiretamente, mesmo aqueles mais insignificantes ou que assim nos pareça, podem vir a ter grande importância em nossas vidas. Muitas vezes desprezamos um acontecimento por julgá-lo desinteressante. No entanto, se lhe dermos a devida atenção, permitindo seu desdobramento natural, atuando sobre ele, vigiando-o e corrigindo-lhe o percurso quando necessário, poderá vir a ocupar um lugar até de certo destaque em nossas vidas, por algum ou até por muito tempo, deixando-nos, no fim, marcas indeléveis na alma.

Segundo nos ensina a Doutrina Espírita, quando do preparo e planejamento de uma reencarnação, os fatos de maior relevância para o sucesso da empreitada são previamente definidos. Isso não se dá como imposição ou fatalismo, visto que o livre-arbítrio sempre será respeitado, mas como um direcionamento que auxilie o espírito reencarnante na sua caminhada terrena, em busca da meta almejada. Acontecimentos como a família, em cujo seio renascerá, grau de instrução, profissão, celibato, casamento e filhos são eventos normalmente preestabelecidos. Durante a jornada, um ser humano usando seu livre-arbítrio poderá mudar um ou mais itens da programação, e ocasionar um resultado diferente do planejado, o que não quer dizer que a reencarnação fracassou. Apenas poderá não alcançar todo o sucesso esperado.

Pode acontecer que, no decorrer da romagem terrena, alguém venha a tropeçar num fato corriqueiro, não programado e aparentemente sem qualquer relevância, mas, que se tornará importante no curso de sua vida, ocupando-lhe a mente de maneira sadia fazendo-o crescer. Não nos esqueçamos que nada nos acontece por acaso. Senão, vejamos como um simples presente, um pequeno pé de abacate, se tornou importante em boa parte desta minha vida.

Quando o vi pela primeira vez, ele era uma arvoreta de no máximo dois palmos de altura, plantada bem no centro de um desses galões de tinta usados. Era uma miniatura de árvore muito bonita, como, aliás, o são todos os abacateiros quando pequenos. Desde meus tempos de criança me interesso pela reprodução dos vegetais. O mistério da germinação das sementes exerce sobre mim um verdadeiro fascínio. Semear hortaliças e plantar árvores foram por muito tempo meu passatempo preferido, sendo os abacateiros minhas cobaias prediletas. Admirava-me ao vê-los surgir para a vida de dentro daquelas enormes bolotas com suas folhinhas marrons brilhantes – esverdeiam depois de algum tempo –, crescerem com incrível velocidade e rapidamente transformarem-se em pequenas belas árvores. Depois dessa volúpia de vida, desacelera o crescimento, e somente após meia década ou mais é que se torna a árvore adulta e generosa em sombra e suculentos frutos, como só acontece a todo abacateiro.

Permaneci por longo tempo a admirá-lo sem saber o que fazer com ele, até que o recepcionista me chamou a atenção para o adiantado da hora. Foi aí que me dei conta de que todos, colegas de trabalho e assistidos, já haviam ido embora, restando apenas o tarefeiro responsável pela recepção, o pequeno abacateiro e eu. Desculpei-me com o companheiro, apanhei o galão contendo a pequena árvore e fui para casa levando o presente que, até então, cheirava a um "presente de grego".

Por mais de dez anos integrei como voluntário o departamento de socorro e amparo a alcoolistas, toxicômanos e tabagistas, do meu Centro Espírita. Quando digo "meu" Centro Espírita, não quero absolutamente dizer que sou o dono do Centro. Pelo contrário, sou lá apenas um simples tarefeiro. Embora freqüente outros Centros, tenho meu coração preso a esse, porque foi ele que primeiro me acolheu, me amparou, e, por meio do Evangelho de Jesus à luz da Doutrina Espírita, ensinou-me não só a dar mais valor à minha vida, mas principalmente a valorizar a vida do próximo. Na verdade, eu mais pertenço a ele do que ele a mim. Mesmo porque, um Centro Espírita não tem dono, ou pelo menos não deveria ter. Deve ter, isso sim, uma diretoria que eleita democraticamente pelos associados esteja sempre presente e atuante em todos os setores da casa, promovendo cursos doutrinários, incentivando o estudo individual e em grupo e muito atenta quanto à manutenção da pureza doutrinária.

Quando o assunto "dono de Centro" vem à baila, me faz lembrar um "dono" de Centro Espírita que conheci no interior. Devia estar beirando a casa dos oitenta anos, era visceralmente avesso às mudanças e mantinha o seu Centro parado no tempo. Certa vez, ouvindo os reclamos de um dos diretores daquela casa, justamente sobre a teimosia do seu presidente em não aceitar mudanças, um dirigente da Associação das Sociedades Espíritas daquela região, meu amigo e uma das pessoas mais tranqüilas e sábias que conheci, ponderou em tom jocoso: "Fique tranqüilo, um dia desses ele desencarna e aí a gente faz as mudanças." As mudanças são necessárias, tanto, que só se cresce promovendo-as, porém, entendo a posição daquele presidente ultraconservador. Promover mudanças implica muitas vezes assumir responsabilidades, e, talvez aquele senhor, embora consciente da necessidade de mudanças, já não se sentisse, pela idade avançada, em condições de realizá-las. Percebi mais tarde que com aquela frase jocosa, meu amigo e dirigente da associação queria na realidade dizer ao reclamante: tenha paciência, e não critique o velho, pois ele deve ter lá suas razões.

Voltando à história, durante o tempo em que permaneci como tarefeiro daquele departamento em meu Centro, além de muito aprender sobre dependência química e suas conseqüências, fiz grandes amizades, não só com os colegas de trabalho como com assistidos que passaram pelo grupo. Numa quinta-feira à noite, após o término da reunião, um dos assistidos do grupo, talvez por gratidão, resolveu presentear-me. É preciso deixar claro que nesse tipo de trabalho, aliás, como em todos os trabalhos, tanto de assistência espiritual como de assistência social, levados a efeito pelas casas espíritas, os médiuns e voluntários não aceitam de maneira alguma qualquer tipo de presente, em consonância com o alerta do Mestre Nazareno "dai de graça o que de graça recebestes". Porém, aquele me foi praticamente imposto, e era um presente *sui generis,* um pequeno e lindo pé de abacate.

– Quero que o senhor o plante e cuide dele – disse-me – e continuou sem me dar tempo da menor contestação – plantei-o por curiosidade nessa lata, e agora, como moro em apartamento, não tenho onde transplantá-lo. Não tive coragem de jogá-lo no lixo, aí me lembrei que o senhor disse certa vez possuir uma propriedade no interior e então o trouxe para que o leve e o plante lá.

Disse-me isso, despediu-se rapidamente e fugiu – essa é a palavra correta –, deixando-me pasmo olhando para aquela pequena árvore. A minha propriedade no interior talvez fosse menor do que o apartamento do fujão. Era uma casa antiga, muito embora confortável, com um quintal de no máximo uns 50 metros quadrados, espaço exíguo para uma árvore de grande porte. Contudo, não podendo deixá-lo ali na recepção do Centro, carreguei o pé de abacate para o meu apartamento, acomodei-o na área de serviço e fui dormir pensando no que fazer com o insólito presente.

Na manhã seguinte, à luz do dia, o abacateiro pareceu-me ainda mais bonito, e com sua beleza singela acabou por enfeitar a área de serviço. Cheguei a pensar que o danado, num esforço por conquistar-me, embelezava-se mais do que o normal. Como se isso fosse possível, afinal, era apenas uma arvorezinha. Possível ou não, a verdade é que o plano, se houvesse, estava dando certo. Alguma coisa naquelas folhas verdes prendia minha atenção e me fascinava. Abacateiros não eram novidade para mim. Como já disse, sempre tivera uma queda por eles. Durante a infância trepei em muitos, fiz incríveis balanços em seus galhos e os vi nascer em quantidade dos caroços partidos que sobravam sob as árvores, saídos dos frutos apodrecidos que caíam de maduros esborrachando-se no chão. Naquele tempo, o abacate não era lá uma fruta muito comercial e, no interior, em todos os grandes quintais sempre havia um pé, que quando não estava generosamente apinhado de frutos estava carregado de flores. Era uma fartura! Continuei a vê-los sempre que viajava para o interior, contudo, aquele era diferente. Talvez a diferença estivesse no fato de que ele fosse o primeiro abacateiro a me pertencer inteiramente. Seu destino estava em minhas mãos. Podia fazer dele o que me desse na telha. Será que ele tinha consciência disso?

A manhã de sábado estava esfuziante. O sol dardejava seus raios iluminando toda a paisagem, tornando os variados tons de verde dos campos em contraste com o azul do céu, numa maravilhosa pintura divina de tirar o fôlego. Essa era uma viagem que minha esposa e eu fazíamos quase todos os fins de semana. Às vezes levávamos conosco parentes ou amigos, contudo a companhia daquele dia era inusitada. No chão do carro, atrás do banco do carona ia ele, o abacateiro mirim, belo e formoso. Minha esposa, como de costume, lia e eu, também como de costume, pensava. "O pensamento parece uma coisa à toa, mas como é que a gente voa quando começa a pensar". Inspirada e sábia estrofe do nosso cancioneiro popular. Nosso pensamento é mesmo assim. Podemos estar onde bem nos aprouver no instante em que quisermos. Basta pensar. Não sei se li ou se ouvi em algum filme uma frase de um prisioneiro, que uma vez liberto respondeu ao ser perguntado como se sentira estando preso por tanto tempo: "Nunca me senti prisioneiro e jamais me sentirei enquanto puder pensar".

O trânsito da cidade me é muito estressante nessa altura da vida, entretanto, guiar na estrada me dá imenso prazer. Normalmente, no início da viagem falamos sobre vários assuntos colocando a conversa em dia, tudo isso enquanto ela esgrime suas agulhas de tricô ou termina uma bela barra de crochê, porque minha mulher, aparentemente, só não trabalha enquanto lê ou dorme. Digo aparentemente, pois creio que mesmo dormindo ela trabalha em espírito e quando lê, na maior parte das vezes, está preparando palestras. Quando ela se cala e apanha um livro, está na verdade com muita sutileza me mandando calar a boca. Daí me calo e passo a pensar. O pensamento é uma coisa muito séria. Segundo nos ensina a Doutrina Espírita, o pensamento é energia, é vida. Aprendemos que no plano espiritual, os espíritos se comunicam e se locomovem por meio do pensamento. Claro está que nos referimos a espíritos já com um certo grau de evolução, uma vez que muitos dos que infelizmente perambulam pela crosta, ou jazem no umbral, por ainda estarem apegados à matéria, somente conseguem ouvir a voz de encarnados. Isso nos mostra a importância dos trabalhos de desobsessão dentro de uma Casa Espírita, que contrariando velhos conceitos, não se presta ao afastamento puro e simples de espíritos indesejáveis, mas sim ao respeito para com o espírito obsessor, que por meio da palavra tranquila do orientador encarnado, é de maneira caridosa esclarecido sobre a sua atual condição. Muitas vezes, esses irmãos sequer sabem que já não pertencem ao mundo dos encarnados.

Sempre que pensamos, podemos atrair espíritos que se afinam com nossos pensamentos. Os semelhantes se atraem, e é exatamente por essa razão que o Espiritismo nos aconselha a trabalharmos a reforma interior, modificando nossos pensamentos, não só como medida profilática contra possíveis obsessões, como também para nos livrarmos de influências negativas já atuantes. Se emitirmos pensamentos elevados, atrairemos pensamentos e influências da mesma ordem. E esse processo explica a eficácia da prece.

Por falar em prece, cabe lembrar que não devemos utilizá-la apenas nos momentos de crise, mas diariamente. Ao deitar, para solicitarmos a proteção dos bons espíritos durante o nosso sono, e ao levantar pela manhã, para buscarmos a sintonia com nosso anjo guardião e espíritos benfazejos, que nos darão a necessária cobertura nos momentos difíceis do dia.

A Doutrina Espírita não opera milagres, mesmo porque, milagres da forma como sempre foram apregoados não acontecem. Quando alguém procura uma Casa Espírita em busca de lenitivo para seu sofrimento, recebe de pronto todo carinho e atenção, tanto dos trabalhadores encarnados como dos amigos espirituais que se esmeram em amparar o recém-chegado. Por meio da fluidoterapia – o chamado passe –, o necessitado recebe o alívio indispensável para que possa concentrar-se nas palestras evangélicas e doutrinárias oferecidas pela casa, e paulatinamente absorver os ensinamentos ministrados. Esse é o auxílio que um Centro Espírita pode oferecer no tocante à assistência espiritual. Os benfeitores espirituais, por meio dos médiuns, somente podem atuar sobre o efeito. A causa do problema, porém, só pode ser combatida pelo próprio interessado, utilizando-se das informações recebidas durante as palestras e cursos, iniciando assim o trabalho de transformação interior. A assistência espiritual – nos referindo ao passe – é paliativa, atua como se fosse um analgésico. Quando somos acometidos por uma infecção qualquer, tomamos um analgésico para combater a dor, que é apenas o efeito. A causa, que é o ataque de bactérias ou vírus, tem que ser combatida por antibióticos.

O sofrimento, ou dor moral, é efeito e não causa. A causa está invariavelmente em nossas imperfeições. O efeito pode e normalmente é amenizado pela assistência espiritual. A causa, entretanto, é de responsabilidade do interessado. Se no seu cotidiano continuar a levar a mesma vida, com as mesmas ações e pensamentos, sem qualquer esforço por modificá-los, o problema ou processo obsessivo terá continuidade. E daí não adianta ficar mudando de Centro na esperança de encontrar um mais forte que o livre do problema. Não existe Centro forte ou fraco, o que existe é fraqueza moral, é falta de vontade na luta contra si mesmo. Em resumo, nós é que somos o nosso verdadeiro inimigo, além de construtores do nosso próprio destino.

Aproveitando, é sempre bom lembrar que nenhum espírito pode nos levar a fazer o que não quisermos, ou o que não estivermos predispostos a fazer. Por exemplo: ninguém irá nos fazer ingerir bebida alcoólica, ou qualquer substância que seja, se não tivermos o hábito de fazê-lo ou contra a nossa vontade. O que nossos irmãos menos felizes podem fazer, ou tentar fazer, é estimular nossos sentidos por meio do pensamento, induzindo-nos a um vício ou realçando um defeito do qual já sejamos portadores. Por isso é que a doutrina nos aconselha, desde que adentramos em um Centro Espírita pela primeira vez, a trabalharmos a reforma interior, como única maneira de combatermos as causas das dificuldades e sofrimentos morais. Não é necessário que nos tornemos santos para assim merecermos o amparo do Alto. A partir do momento que iniciamos, com honestidade de propósito, o trabalho de reforma íntima, a proteção nos alcança e aquele alívio antes só sentido no recinto do Centro, passa a ser constante. Não se conhece o espírita pela sua santidade, mas sim pelo seu esforço diuturno na busca da transformação moral.

2

Quando um não quer...

Quando se trata de evitarmos influências negativas, nunca é demais lembrarmos da importância do Evangelho no Lar para a sua manutenção como reduto de paz nesse nosso mundo conturbado. Como exemplo de fortaleza moral, adquirida por intermédio da fé inabalável, costumamos lembrar em nossas palestras a história de uma mulher, que cumpria seu papel de esposa fiel, mãe extremosa e esteio do lar.

Os acontecimentos a seguir relatados se deram numa época em que, apesar de já terem surgido os primeiros veículos automotivos, o grosso do transporte urbano, incluindo o de pessoas, ainda se fazia por tração animal. As cargas eram transportadas em carroças, que normalmente eram puxadas por burros. Já as charretes, para o transporte de pessoas, utilizavam cavalos, por necessitarem de mais agilidade... Os homens sempre tiveram pressa.

Assim como os taxistas de hoje, os charreteiros e carroceiros de então também tinham um ponto, um local determinado, onde os veículos permaneciam estacionados no aguardo de que alguém, necessitando de transporte, os contratasse. Esses pontos, em especial os de carroças, ficavam quase sempre próximos às estações ferroviárias. As charretes, que normalmente permaneciam em pontos no centro, próximos às praças centrais, nas grandes cidades, tinham além desses, um outro em frente às estações férreas.

Nossa história tem início justamente num ponto de carroças, igual a tantos outros existentes naquela época, em tantas cidades também muito parecidas. Esse caso, que não posso afiançar sua veracidade, eu o ouvi há muito tempo, quando ainda era menino, contado por meu pai, que por sua vez deve tê-lo ouvido contado por algum carroceiro seu amigo, dos muitos que faziam frete para o armazém gerenciado por meu velho. Por isso, já me fogem os nomes das personagens. Talvez nem todas fossem nomeadas, quiçá apenas a personagem central o fosse, portanto, seguindo essa linha, vamos chamá-la João.

João era carroceiro, jovem ainda, contudo, já casado e pai de dois filhos. Tinha uma vida dura, porém sadia. Era feliz no casamento, amava a esposa e adorava os filhos. Com muito sacrifício comprara a carroça e o burro e, trabalhando com afinco, conseguira até adquirir um terreno e construir a casa onde morava com a família, sempre ajudado pela esposa, fiel e digna companheira. Fazia ponto nas proximidades da estação ferroviária e, apesar do seu jeito quieto, era do tipo bonachão e relacionava-se muito bem com os colegas.

Todos os dias, muito cedo, as carroças já estavam no ponto, enfileiradas à espera de trabalho. Enquanto aguardavam, os carroceiros tinham por costume reunirem-se formando um círculo e conversarem. Os assuntos da roda, quase sempre banais, eram as piadas, política e fofocas sobre os acontecimentos da cidade. Contudo, um dos carroceiros, costumeiramente, trazia à baila um assunto bem mais interessante. Contava com detalhes as suas brigas com a esposa, que não raro terminavam em uma surra aplicada na desditosa mulher.

O Briguento fora sempre o falador-mor da turma, um garganteador na expressão máxima da palavra. Quando falava, o fazia por inteiro. Gesticulava com maneiras brutas, como se a pobre estivesse ali em sua frente recebendo os golpes. O realismo dos relatos era de tal monta que os ouvintes acabavam participando daquelas incríveis contendas conjugais. Ao terminar, todos eram convidados a expor suas façanhas matrimoniais, que no início foram tímidas, mas, com o passar do tempo, as histórias das brigas dos carroceiros com suas caras-metades foram aumentando de intensidade. Claro estava que muitos relatos eram inventados, afinal, como machões que se diziam, não podiam de maneira nenhuma ficar por baixo.

O Fanfarrão ouvia com satisfação mórbida as narrativas dos colegas. Vez por outra, intervinha com um gracejo ou com um murro na palma da mão, como a dar mais ênfase à briga narrada pelo companheiro. Com o tempo, ele foi notando que João, embora permanecesse na roda, nunca dizia nada, como se não participasse da conversa. Ficava ali parado, sempre com aquele sorriso nos lábios, mas era o único que até então não contara uma rusga sequer que tivera com sua esposa. Essa atitude não era perdoada pelo Briguento, que não se conformava com o fato de que um homem passasse tanto tempo com uma mulher sem uma briga, pequena que fosse, razão pela qual, um belo dia, resolveu ser mais direto com o João, dizendo-lhe:

– Ei amigo! Você nunca diz nada? – E continuou: – Por que nunca nos conta as brigas com sua mulher?

João, sem abdicar do sorriso, respondeu:

– Porque nunca brigamos, ora essa!

– Não é possível! – exclamou o Falastrão, gritando, olhando para o grupo e apontando para o João, que ainda assim continuava sorrindo. – Temos aqui um santo – disse com uma estrepitosa gargalhada. E continuou: Vocês acreditam nisso?

Para alívio do ainda sorridente João, um freguês o chamou, e a conversa ficou adiada para outra ocasião.

A ocasião chegou logo no dia seguinte. Assim que as carroças ficaram alinhadas, e o círculo formado, o Fanfarrão interpelou João:

– Como é, colega, você vai ou não vai nos dizer por que nunca briga com sua mulher?

– Eu creio que é porque ela não dá motivo – respondeu João. E continuou: – É uma grande companheira, cuida da casa e das crianças o dia todo. E todos os dias, quando volto para casa, assim que me vê chegar, corre a ajudar-me na lida com a carroça, os arreios e a cuidar do animal.

– Mas se ela lhe desse um motivo você brigaria? – Tornou o Falador.

– Nesse caso sim – respondeu João já demonstrando certa perturbação. E concluiu: – Afinal, também não tenho sangue de barata.

O Falastrão percebeu que tinha atingido o alvo, portanto, decidiu prosseguir no ataque:

– Sabe, meu amigo, ouça o conselho de alguém mais experiente! O casamento sem uma briga se torna insosso, sem emoção. E continuou: É por isso que um "quebra" de vez em quando só faz bem ao relacionamento do casal. E concluiu: Vai por mim, quando ela não dá motivo, você inventa um, no fim o resultado é o mesmo.

E João, dando mostras de que começava a ir por ele, pergunta:

– Que motivo eu poderia inventar? – E prosseguiu: Creio que com minha esposa isso não vai dar certo.

– Isso é comigo – respondeu o outro – o motivo eu já o tenho bolado, e posso te adiantar que desta vez você briga e pode até, com um pouco de sorte, chegar às vias de fato.

A conversa foi interrompida com a aproximação de algumas pessoas em busca de transporte. João, puxando o burro pelo cabresto, levou a carroça até a plataforma da estação para o carregamento. Em seu rosto se notava a preocupação. Já não exibia mais o sorriso que o caracterizava. Que motivo o colega teria bolado? – se perguntava.

No fim da tarde, em rápida reunião antes do fim do expediente, o Gabola matou a curiosidade dos companheiros, revelando seu sinistro plano para que finalmente João viesse a brigar com sua esposa.

– O plano é o seguinte – começou. – Hoje à noite, quando nosso amigo for levar o burro para a cocheira, ao invés de puxá-lo, irá virá-lo e empurrá-lo de costas. E continuou: O burro vai refugar e empacar, uma vez que está acostumado a sempre ir de frente para o cocho.

E fazendo uma pausa, esfregando as mãos de satisfação ao perceber o suspense que estava causando no grupo, prosseguiu:

– Com a recusa do animal, nosso colega começará a gritar com ele e a xingá-lo, podendo até aplicar-lhe uns tapas no focinho, para dar mais realismo à cena. Dizia isso, enquanto dava socos na palma da mão.

Dando um tempo para saborear a ansiedade da platéia, voltou-se para o João e concluiu: – Sua mulher certamente irá intervir, pois sua atitude não será normal. Talvez até se insurja contra você, aí então você terá o seu motivo, o resto dependerá da sua atuação.

De volta para casa no fim do dia, João ia extremamente preocupado. Sempre se dera maravilhosamente bem com a esposa. Casaram-se por amor, eram felizes, por que razão se metera em tamanha enrascada? Somente por orgulho, esse era o único motivo para tal estultice. Para não ser motivo de pilhéria por parte dos colegas, acabou por dar ouvidos àquele Língua-solta. E agora ficara sem saída. Estava entre a cruz e a espada. Colocando o plano em ação, corria um sério risco de acender o estopim da discórdia em seu lar, até então harmonioso. Por outro lado, se resolvesse esquecer de vez aquela idéia estapafúrdia, os companheiros, e até mesmo ele, ficariam sempre na dúvida: será que colocada sob pressão, sua companheira continuaria a tratá-lo com doçura e delicadeza?

Estava aberta a porta para a influência dos irmãos menos felizes, que de maneira inteligente utilizaram-se do Falastrão para atingir João em seu calcanhar-de-aquiles, a vaidade masculina, filha do orgulho. Agora o acompanhariam e talvez até penetrassem em seu lar, até então inexpugnável ao assédio negativo, graças à harmonia mantida principalmente pela mulher do carroceiro, fiel esposa e mãe extremada. Apesar de não freqüentar igrejas ou qualquer tipo de templo, aquela mulher simples e lutadora se mantinha firme na fé em Deus e se afastava quando nas conversas com as vizinhas – das quais muito pouco participava – vinha à baila a maledicência.

Ao chegar em casa naquele fim de tarde, já no lusco-fusco, João a encontra solícita e sorridente como sempre a abrir-lhe o portão. Ao passar por ela cumprimentou-a, porém, sem a efusão habitual, o que o deixou com remorso e a pensar que certamente a mulher sensível que era já percebera haver algo diferente no ar. Como um autômato, calado e sem conseguir olhá-la nos olhos, pôs-se a desatrelar o animal da carroça normalmente, e a executar todo o trabalho como de costume. Entretanto, no momento de conduzir o burro ao estábulo, o fez como o planejado, de maneira contrária à usual. O pobre muar, acostumado a entrar de frente, estranhou, refugou e finalmente empacou permanecendo como que fixado ao solo, não havendo o que o fizesse andar para trás.

O que aconteceu daí em diante, só a psicanálise talvez possa explicar. Da mesma forma que uma mentira várias vezes repetida passa a ser para o mentiroso uma verdade, a encenação de João, após várias rememorações efetuadas durante o trajeto para casa, tornou-se real. O bom homem a princípio falou rispidamente dando ordens ao fiel companheiro para que recuasse, sem contudo deixar de espiar, de soslaio, as reações da esposa, que a tudo assistia passivamente, mais triste e decepcionada do que irritada com a sandice do marido. Depois de algumas tentativas frustadas, o carroceiro passou a gritar e a dizer impropérios, e como o burro ainda assim se recusasse a obedecer, João como que influenciado por uma força estranha, começou a espancar o pobre animal.

A esposa, observando passivamente, embora com o coração amargurado, aquela cena ridícula e patética, não acreditava no que assistia. Conhecia aquele homem. Era um homem bom e sensato. Sabia que normalmente ele seria incapaz de tal procedimento. Desde que o vira chegando já notara que alguma coisa não ia bem. Quando o marido passava pelo portão, ela sentiu algo estranho e um arrepio tomou-lhe todo o corpo. Mais que depressa se apegou a Deus e enquanto auxiliava o marido a desatrelar o animal da carroça, orava mentalmente solicitando ajuda. Não, ela não permitiria que seu lar fosse conspurcado por influência negativa alguma, nem que para isso tivesse que se humilhar, mostrando-se tão insensata quanto ele. Não mais resistindo ante o teatro macabro que o marido proporcionava, interveio dirigindo-se calmamente ao marido dizendo-lhe:

– Querido! – era a chance que João esperava, finalmente ela iria recriminá-lo, e como um felino pronto a dar o bote voltou-se para ela, que fazendo enorme esforço para manter-se tranqüila completou: – Deixe-me ajudá-lo, enquanto você empurra o burro, eu vou lá dentro puxá-lo pelo rabo.

João, soltando o animal, deixou cair os braços, e de cabeça baixa pelo peso da vergonha que agora sentia, aproximou-se da mulher, e, abraçando-a, ficou a repetir-lhe a palavra perdão ao ouvido, até que ela, recobrando-se da forte emoção que a dominara durante o acontecido, retribuiu o abraço.

No dia seguinte, na roda já formada por todos os carroceiros do ponto, a ansiedade era geral. João, exibindo o sorriso agora recuperado, relatou minuciosamente todos os detalhes do acorrido na noite anterior e, quando terminou, os participantes do círculo estavam de cabeça baixa, com os olhos úmidos e alguns até chorando, inclusive o Falastrão. Naquele círculo de humildes carroceiros, daquele dia em diante, a conversa nunca mais foi a mesma.

3

Pedido de socorro

Enquanto minha esposa lia, eu apreciava a paisagem e aproveitava para recordar e memorizar a palestra do mês. Isso acontecia sempre que rodávamos por aquela e por outras estradas, entretanto, nesse dia, por mais que me esforçasse não me foi possível afastar do pensamento o abacateiro. Gostaria imensamente de poder plantá-lo em algum lugar que me fosse possível vê-lo crescer, não só por ser defensor da natureza, que como pescador aprendi a amar, mas também por respeito ao rapaz que me presenteara. Sem dúvida que ao me ofertar o pé de abacate, sem me dar chance de recusa, estava me criando um problema, porém, certamente ele o fez com a melhor das intenções. Era um bom moço. Eu o conhecia há bem uns dois anos. Chegou ao grupo de apoio trazido pela esposa que já há algum tempo vinha freqüentando as reuniões para os familiares de dependentes. Nas primeiras vezes, chegava mudo e saía calado. Conhecíamos o seu problema pelas informações recebidas dos dirigentes do setor de apoio aos familiares, que ficaram a par da situação por meio dos depoimentos da esposa – os dependentes formavam um grupo separado dos familiares.

Havia mais de oito anos que eu integrava aquele grupo de apoio, e durante esse tempo tomara conhecimento de vários agentes causadores de dependência, porém, o caso desse rapaz era incrível, inaudito para mim. Nosso grupo era composto por quatro elementos: uma psicóloga, dois jovens e eu, que na época já beirava os cinqüenta. Um dos jovens era dependente químico em recuperação. Creio que dos quatro, eu fosse o menos entendido no assunto, uma vez que até entrar para o grupo nunca tivera contato com drogas ou com dependentes. Tudo o que sabia a respeito aprendera ali, naquele encontro semanal com os companheiros e principalmente com os dependentes que por lá passavam, além, é claro, da leitura de livros e textos informativos. Era a primeira vez que ouvia falar de alguém que adquirira o vício no trabalho. O dependente em questão trabalhava em uma empresa de conserto e recondicionamento de aparelhos de ar-condicionado. A dependência foi criada pela inalação do gás que preenche as serpentinas dos aparelhos. Quando providências foram tomadas pela empresa, no sentido de proteger seus funcionários obrigando-os ao uso de máscaras contra gases durante a carga ou recarga das serpentinas, nosso amigo entrou em crise de abstinência. Os problemas ocasionados pela tal crise é que trouxeram sua esposa para o grupo de apoio a familiares, e mais tarde ele próprio para o nosso grupo.

Mas, voltando ao assunto que ocupava minha mente durante a viagem, que não era outro, senão o agora meu pé de abacate, algumas idéias me acudiram: plantá-lo em algum terreno baldio; deixá-lo em alguma porta cuja casa possuísse um grande quintal, como um órfão abandonado, assim, quiçá resolvessem adotá-lo; plantá-lo à beira do rio próximo ao local onde eu pescava com certa freqüência. Essa última me pareceu a idéia mais plausível, pois assim, mesmo quando lá não fosse, pediria a meu vizinho e companheiro de pescaria que o irrigasse de vez em quando. E ainda teria a oportunidade de vê-lo crescer.

Essa idéia me ocorreu ao lembrar-me que certa vez, pescando naquele sítio, uma fruta, caída não sei de onde, rolou pelo barranco vindo parar a meus pés. Apanhei-a e notei que era uma uvaia. Olhei para traz e para cima e não enxerguei nada parecido com um pé de uvaia. Pescava ali freqüentemente, como já disse, e nunca deparara com uma árvore daquela espécie. No entanto, a uvaia estava em minha mão e, se não tivesse sido atirada por alguém, só poderia ter caído de uma uvaieira. Resolvi investigar. Levantei-me, subi o barranco, e só depois de muita procura encontrei sufocada por uma moita de jupindá, a árvore que me presenteara com o seu fruto. Apanhei o facão da sacola de pesca e podei o jupindá de maneira a abrir uma clareira em volta do pé de uvaia, libertando-o do abraço sufocante. Dessa maneira, a uvaieira desenvolveu-se e se transformou em uma bela árvore, que em agradecimento nos brinda desde então com seus deliciosos frutos. Naquele dia, me passou pela cabeça que aquela árvore em desespero me atirou o seu único fruto como um pedido de socorro. E agora sua lembrança é que vinha em meu socorro, como me dizer: "traga seu abacateiro, plante-o junto a mim para me fazer companhia".

Estava resolvido! Meu abacateiro cresceria na beira do rio, selvagem, disputando espaço com os ingazeiros e outras árvores que compunham a mata ciliar. Teria que plantá-lo numa clareira, para evitar que árvores maiores lhe tapassem o sol, ou que uma moita de jupindá viesse a sufocá-lo, a exemplo da uvaieira.

O carro engolia o asfalto, minha esposa lia tranqüilamente, de modo que não me restava outra alternativa que não fosse apreciar a paisagem já conhecida de muitas viagens, e pensar. A história da uvaieira, com seu único fruto mensageiro do pedido de socorro, me trouxe à lembrança um caso ocorrido no Centro Espírita, em uma reunião do grupo de apoio tempos atrás. Fui avisado que alguém desejava falar comigo. Deixei o grupo e me encaminhei para uma saleta própria para entrevistas onde um casal me aguardava. Cumprimentei-os, me sentei atrás da mesa de frente para os dois e aguardei calado enquanto os observava. O homem me pareceu tranqüilo, embora triste. A mulher, no entanto, demonstrava impaciência e trazia no semblante as marcas do pranto e de noites maldormidas. Nós, integrantes do grupo de apoio, aprendemos que nosso trabalho consistia mais em ouvir do que em falar, por isso me mantive calado aguardando que falassem. O silêncio foi quebrado pela senhora, com um grito abafado, e uma explosão de lágrimas. O marido, um tanto constrangido, passou-lhe o braço sobre o ombro num gesto de carinho e tentou acalmá-la. Por fim, entre soluços ela falou:

– Desculpe, mas é que meu mundo caiu... – engoliu e depois continuou, tentando conter as lágrimas –, quando meu filho mais velho, o meu primogênito, me deu um presente na véspera do dia das mães. Naquele dia, encontrei no bolso do seu casaco um toco de cigarro. Levei um choque, pois em casa nem eu nem meu marido fumávamos, e sempre alertávamos nossos filhos sobre os malefícios do tabaco – e depois de assoar o nariz e enxugar as lágrimas prosseguiu. – Descobri ao falar com meu marido que a coisa era muito mais grave. Aquilo não era tabaco como imaginara, mas algo muito pior... era maconha.

Disse a palavra maconha com tal entonação na voz que pareceu querer grifá-la. Era uma mãe em total desespero. Uma das mais, senão a mais desesperada das mães que tive a oportunidade de entrevistar ou ouvir, nas vezes em que participei do grupo de apoio aos familiares de dependentes.

– Ele confessou estar fazendo uso da maconha? – perguntei.

– Não tinha como negar – respondeu-me o pai.

– É que às vezes eles mentem dizendo que "armaram" para eles.

– Meus filhos não mentem – disse a mãe como quem se ofende, e continuou: Já faz dez dias que não durmo nem me alimento direito. Não sei mais o que fazer. Naquela mesma noite tive uma longa conversa com ele. Quis saber como e quando ele havia se iniciado na droga, e por que se metera naquilo. Falei do perigo que corria, e o fiz prometer que nunca mais se aproximaria da maconha ou de quem usasse. Mas, depois dessa conversa, mesmo tendo me garantido que nunca mais fumaria, o pai o surpreendeu fumando em companhia de rapazes do bairro, em uma praça próxima de casa, conhecida como "fumódromo". Foi uma grande decepção ver a fraqueza dele perante o vício.

– A coisa não é tão simples assim – argumentei –, se assim fosse, se bastasse uma longa conversa e uma promessa, para que se afastassem das drogas, nosso grupo e os milhares de outros iguais ao nosso não seriam necessários. A guimba encontrada no bolso do casaco não foi certamente o único recado – nesta altura ela tentou interromper-me, mas sem lhe dar tempo continuei. Seu filho deve ter estagiado em todas as fases do usuário da droga. Mudou de hábito alimentar, os olhos avermelharam-se, nos casos mais agudos acontece o desleixo no vestir e na higiene pessoal. Esses são os sinais que reputamos como pedido de ajuda. No caso do seu filho, o toco do "baseado" esquecido no bolso do casaco foi, talvez, inconscientemente, um grito de socorro. Sem coragem para confessar o vício e precisando de ajuda, o esquecimento da guimba foi muito conveniente. Não lhes parece?

Agora, ambos me olhavam com ar de espanto. Com certeza não tinham visto o ocorrido por aquele ângulo. Procurei aliviar minhas ponderações, do contrário iria fazê-los sentirem-se mais culpados do que já estavam, e após responder algumas perguntas passei a falar sobre a importância da freqüência no grupo de apoio, tanto do dependente como dos familiares.

Podemos perceber, então, que existiu uma grande semelhança entre a situação desse rapaz e a da uvaieira. Ambos estavam sufocados. Ela pela moita de jupindá, e ele pelo emaranhado de conseqüências que o uso da droga proporciona. Ainda mais para um moço, que como a própria mãe afirmou, não estava acostumado a mentir. Daí, ambos, o rapaz e a árvore gritaram por socorro. Ela usando o seu único fruto, e ele usando o resto do fruto de seu vício.

Em minhas palestras sobre família, costumo salientar a necessidade dos pais, e mais precisamente da mãe, de conhecer a prole. Nos dias atuais, quando a droga ronda os lares, a mãe tem por obrigação conhecer os hábitos dos filhos. Vou mais longe quando digo que uma mãe deve conhecer seu filho pelo cheiro. Só assim ela poderá detectar, no início, mudanças no cheiro ou no comportamento de seus rebentos, com grande chance de cortar o mal no nascedouro. E, se vier a descobrir que o filho está usando drogas, procurar agir com calma, evitando entrar em desespero. Pais desesperados dificilmente terão condições de ajudar seus filhos, pelo contrário, acabarão por complicar mais as coisas. Se alguém cai num poço, a única maneira de ajudá-lo é permanecer do lado de fora. Se cair também, serão dois a serem ajudados. Se não conhecer nada sobre o assunto, deve imediatamente procurar a ajuda de um grupo especializado. Existem muitos desses grupos trabalhando de maneira gratuita, uma vez que é formado por voluntários. Gente que se preocupa não em combater as drogas, porque isso seria uma utopia, mas em amparar aqueles que buscam ajuda de livre e espontânea vontade. Digo isso porque existem os que procuram um grupo de apoio apenas para fazer média com pais ou cônjuges, e outros vão por imposição dos pais. Nesses casos, pouco ou nenhum sucesso se consegue, porque está provado que se o dependente não tiver vontade de estacionar seu vício, o trabalho resultará nulo.

A psicóloga do grupo era uma espécie de líder, menos pela profissão e mais porque possuía larga experiência no assunto. Os outros companheiros, não só os que lidavam com dependentes de drogas ilícitas como nós, mas também os que trabalhavam no setor de alcoolismo a admiravam e a respeitavam pela maneira tranqüila e caridosa, porém, enérgica, de conduzir entrevistas e depoimentos tanto de familiares como dos próprios dependentes. Certa feita, um casal a procurou solicitando uma entrevista e, em desespero pedia orientação, pois não sabia como ajudar o filho que enveredara pelo caminho das drogas.

– Que tipo de droga o rapaz usa? – perguntou a orientadora.

– Iniciou com a maconha, mas agora está usando cocaína e certamente outras que nem sabemos – respondeu a mãe.

– Quanto tempo faz que vocês conhecem o problema?

– Há uma semana ou pouco mais – tornou o pai que se mostrava menos agitado.

– Nunca tinham notado nenhuma alteração nas atitudes ou hábitos dele?

– Esse nosso filho sempre foi rebelde e arredio – interveio a mãe, que enxugando as lágrimas continuou –, talvez por isso tenhamos demorado tanto para percebermos o problema. Somente agora que ele chegou ao fundo do poço é que procurou ajuda. Não sabemos como agir, ajude-nos pelo amor de Deus.

Nossa companheira, extremamente sensível, mal conseguia conter as lágrimas diante do desespero daquela mãe, porém, colocando-se mentalmente em prece e solicitando ajuda ao plano espiritual, inspirada disse:

– Se ele já está no fundo do poço, estendam-lhe a corda.

– Que corda? Não possuímos corda alguma – disseram em uníssono. Mas se nos disser onde se compra nós agradeceríamos – disse agora o pai.

– O tipo de corda a que me refiro não se compra em supermercados – tornou nossa companheira com um leve sorriso.

– Então indique alguém que a possua, quem sabe possa nos vender ou emprestar?

– Quem possui essa corda, não poderá vendê-la ou emprestá-la.

– Mas então como faremos? Pergunta a mãe em desespero.

– Terão que confeccionar a própria corda, não há outro jeito.

– Pois nos diga qual o material necessário para essa confecção, para que a iniciemos logo – pediu o pai.

– A confecção dessa corda deveria ter sido iniciada antes da vinda dos filhos. Há casais que a iniciam ainda na época do namoro. E pausadamente a orientadora continuou: – os materiais a serem empregados na confecção são: o respeito, a compreensão, o carinho, a tolerância, a aceitação, a renúncia, muito diálogo, muita fé e esperança. E é claro que para a sua manutenção, a corda deverá ser diariamente lubrificada com o amor.

Sensibilizada com as lágrimas que agora escorriam livremente também pelo rosto do pai, a meiga orientadora, depois de curta pausa, continuou:

– Essa corda, uma vez em uso, manterá toda a família unida, e sua elasticidade proporcionada pela confiança mútua entre pais e filhos sempre os manterá ligados espiritualmente, oferecendo tranqüilidade aos pais, estejam os filhos onde estiverem.

– Falhamos como pais, não é verdade? Balbuciou a mãe com embargo na voz.

– Não! Vocês são bons pais, tanto que se preocupam com seu filho. Deve ter ocorrido talvez uma inversão nas prioridades, contudo, nunca é tarde para se retomar o rumo certo. E notando mais calma no casal, nossa companheira prosseguiu: Aproximem-se da beira do poço e comecem a trabalhar a corda. Ela descerá devagar até seu filho à medida que seus corações e mentes a forem fabricando – e concluiu: – tenham fé, nunca percam a esperança e lembrem-se de que antes de ser vosso filho, o rapaz é filho de Deus, e se o Pai o confiou a vocês, é porque estão à altura dessa confiança. Acreditem!

Mais seguro, o casal despediu-se agradecido e foi à luta. Alguns dias mais tarde lá estavam os três, mãe, pai e filho ouvindo a palestra evangélica, prontos para a reunião dos grupos de apoio. Era o início de uma longa e dura batalha!

4
Cerimônias e rituais

O que você vai fazer com esse pé de abacate? Quem perguntava era minha sogra, que em companhia de uma filha viúva, irmã mais velha de minha esposa, residia em nossa "propriedade". Na época minha sogra estava com 80 anos, e, segundo prognóstico de um cardiologista, já deveria ter desencarnado há sete anos. "O coração dela está por um fio" – dissera o médico. Esse deve ter sido um fio bastante resistente, pois que aquela mulher, curvada pela tirania da osteoporose que a acometia há anos sem qualquer alívio – naquela época sequer sabíamos da existência de tal doença óssea –, viveria ainda mais três anos.

– Ainda não sei – respondi. Estou pensando em plantá-lo no quintal – disse para espicaçá-la. O quintal era nosso único ponto de atrito. Sempre me dei bem com minha sogra e, o segredo, quem sabe estivesse no fato de que nunca tivéssemos morado na mesma casa, ou talvez porque nos respeitássemos mesmo, ou ainda, porque talvez minha teoria de que o homem não tem sogra estivesse correta. A verdade é que jamais tivemos uma discussão que nos causasse constrangimento. Nossas "brigas", que para mim eram divertidas, aconteciam quando ela invadia o espaço destinado às minhas hortaliças. Minha sogra adorava flores, e estava todo o tempo a plantá-las onde encontrasse uma nesga de terra. O quintal possuía duas faixas de terra beirando as laterais e encostadas ao muro, deixadas ali por mim, justamente para o cultivo de minhas hortaliças. Sabedor de seu gosto pelas flores, deixei para esse fim um pedaço de terra mais próximo à casa. Mas aos poucos, aproveitando-se de minha ausência durante a semana – minha esposa e eu íamos para lá somente nos fins de semana –, ela foi aumentando sua área em detrimento da minha. Minhas hortaliças viviam às turras com as flores, e esse era o motivo de nossas rusgas, que terminavam invariavelmente com a minha capitulação.

– Você nunca viu um abacateiro adulto? – tornou minha sogra. – Vai tornar-se uma árvore enorme e cobrir além do nosso, os quintais dos três vizinhos. E sem perceber que eu estava troçando com ela, continuou: Acho que você não está regulando bem da cabeça... onde já se viu plantar uma árvore dessas num quintal chinfrim como esse!

– O quintal não é chinfrim, ele é apenas pequeno para tanta flor – repliquei.

– Eu sabia! Tinha que sobrar para minhas flores.

Nessa altura minha esposa entrou na conversa fazendo com que a mãe percebesse que não passava de mais uma de minhas brincadeiras, e terminamos com boas risadas.

– Temos novidades, sabiam? Disse minha sogra enquanto acompanhava-me até a área de serviço, onde coloquei a lata com o abacateiro sobre a mureta que circundava a varanda, livrando-me do incomodo peso.

– Oba! Quais são as novidades? – perguntou minha mulher.

– Minha afilhada que estava esperando nenê já deu à luz uma linda menina.

– Mãe... toda mulher grávida dá à luz, isso não é novidade, embora seja sem dúvida uma boa notícia. Mas qual é a novidade, afinal?

– A novidade é que minha comadre, a avó da criança, passou por aqui ontem à tarde e adiantou-me que vocês serão convidados para padrinhos da menina.

– E a senhora já adiantou para ela que nós não vamos aceitar, não foi? Tornou minha esposa.

– Eu não! Isso é um problema de vocês. Minha sogra sabia que recusaríamos o convite, como já havíamos recusado outros. Não adiantou isso à comadre, talvez na remota esperança de que dessa vez aceitássemos o convite, por ser a avó da criança muito amiga da família. Minha esposa e eu, antes de nos tornarmos espíritas, nunca recusamos convite para batismos, fosse filho de amigos ou de parentes. Porém, depois que abraçamos o Espiritismo como nossa religião, começamos a declinar dos convites por não acharmos justo participarmos de uma cerimônia ritualista, na qual não mais acreditávamos. Entretanto, isso não significa que deixamos de assistir a casamentos de parentes ou amigos realizados na igreja. Respeitamos todas a religiões ou crenças e não nos furtamos a comparecer às cerimônias sejam quais forem, casamentos, batizados ou missas de réquiem, sempre que convidados ou até por solidariedade.

O Espiritismo não administra qualquer tipo de sacramento, portanto, não realiza batizados ou casamentos. "Ah! Mas eu já assisti a casamento espírita" – dirá alguém. Podemos afirmar que não. Talvez tenha assistido a um casamento de alguma religião espiritualista, que alguns ainda confundem com a Doutrina Espírita. Pode ainda ter assistido a um casamento civil de dois jovens espíritas, realizado no salão de algum clube, ou mesmo em um *buffet*, com a moça vestida de noiva ou não, entrando no recinto pelo braço do pai e dirigindo-se até um local onde um Juiz de paz, o noivo e as testemunhas a aguardam. Após o Juiz declará-los legalmente marido e mulher, alguém faz uma prece envolvendo os noivos e pronto, estão casados perante Deus e os homens. O casamento pode também ser realizado no próprio cartório, e a prece ser feita no local, o efeito será o mesmo, porque o que irá valer na verdade serão os laços afetivos a unir o casal.

Portanto, pode-se assistir a um casamento de espíritas, jamais a um casamento espírita.

— Mais tarde faremos uma visita à mãe e ao bebê, e se formalizarem o convite vamos ter que educadamente recusá-lo — disse minha esposa.

— É uma pena — tornou minha sogra —, ela faz tanto gosto que sejam vocês!

No domingo, quando nos preparávamos para a viagem de retorno, fui até a área de serviço para despedir-me do meu abacateiro. Fiquei por algum tempo acariciando-lhe as folhas, e tive novamente a impressão de que aquele pequeno vegetal tentava hipnotizar-me cambiando o tom do verde das folhagens.

5

É dando que se recebe

Na viagem de volta, depois de alguns comentários sobre os acontecimentos dos dois dias que passamos em companhia de minha sogra e cunhada, minha esposa abriu um livro e eu abri minha mente aos pensamentos, e é claro que o abacateiro lá estava. Seria bom plantá-lo o mais rápido possível, assim talvez me livrasse do assédio daquele tirano. Seria possível haver empatia entre um ser humano e um vegetal? Parece loucura, mas a verdade é que eu sentia como se o pé de abacate se sentisse rejeitado ao perceber minha decisão de plantá-lo na beira do rio. Fiquei agradecido quando minha mulher dirigiu-me a palavra, arrancando o abacateiro de minha mente e levando-me a direcionar minha atenção para um assunto completamente diverso.

– Tenho uma palestra na quinta-feira, cujo tema é "Servir a Deus e a Mamon" e creio que encontrei neste livro uma história interessante que poderá encaixar bem no tema. Posso ler para analisarmos juntos?

– Não só pode como deve – tornei brincando.

– O título da história é "Em busca da felicidade" e diz o seguinte:

"Conta-se que certa vez um homem muito rico, senhor de muitas terras, procurou um sábio e colocou-lhe a seguinte questão:

— Sou muito rico como sabes. Possuo tudo o que quero. Minha vontade é lei no meu vasto domínio. Basta estalar os dedos e todos os meus súditos se apressam em atender meus desejos, sejam quais forem. No entanto, sinto que algo me falta, pois não sou feliz. Que devo fazer para alcançar a felicidade?

— Há muito e muito tempo — começou dizendo-lhe o velho sábio —, essa mesma questão foi proposta por moço muito rico ao Sábio dos Sábios, que lhe deu o seguinte conselho: volta, vende tudo o que possuis, reparte com os pobres e depois segue-me.

— Conheço essa história — disse o homem rico — e creio que o conselho do sábio não pode ser compreendido ao pé da letra, uma vez que se distribuir o produto da venda dos meus bens aos pobres, que são muitos, todos na certa continuarão pobres, inclusive eu. Que vantagem haveria nisso? Qual o verdadeiro sentido do conselho então?

O sábio, mantendo-se calado olhando fixo para uma fileira de formigas que parecia um só corpo em movimento, aguardava. Sabia, por isso era sábio, que se lhe falasse o que pensava sobre o verdadeiro sentido da resposta dada ao moço rico pelo Excelso Mestre, aquele homem não aceitaria, pois ainda não possuía ouvidos de ouvir. Era preciso estimulá-lo a procurar a resposta, antes, porém, aguardaria. Ele falaria mais, e exigiria dele, sábio, conselhos mais claros. E estava certo, pois após a pequena pausa o homem continuou:

— Às vezes sinto que meu cavalariço, que trabalha duro de sol a sol, percebendo um salário que é menor do que a quantia que gasto em uma hora de minhas festas, para sustentar sua enorme família, é mais feliz do que eu. Seria isso possível?

Tirando o olhar de sobre as formigas-correição e calmamente dirigindo-o para seu interlocutor, o velho sábio, depois de mirá-lo longamente nos olhos, respondeu:

– É possível, porém, seria de todo aconselhável que o senhor procurasse saber do próprio cavalariço a resposta para essa pergunta.

– Mas como farei isso? Devo então lhe perguntar se é feliz?

– Se assim agir, talvez vá constrangê-lo e acabar ficando sem a resposta.

– Então como devo agir para saber com certeza se ele é feliz?

– Creio que sua dúvida não reside apenas em saber se seu cavalariço é feliz, porque pelo que parece ele o é. O cerne da questão é descobrir como, vivendo nas condições em que esse homem vive, isso é possível. Ocorre-me no momento apenas uma maneira de descobrir, e não sei se vai lhe agradar.

– Essa questão está a me intrigar já há algum tempo, portanto diga logo o que devo fazer.

A idéia que havia ocorrido ao sábio era por demais estapafúrdia, talvez ofendesse o poderoso senhor, contudo, já não podendo mais retroceder, com a calma peculiar aos prudentes, começou dizendo:

– Naturalmente esse homem deve possuir algo que o senhor não possui, e para saber o que é, seria necessário conviver com ele por algum tempo.

– Onde você esta querendo chegar? Por acaso me aconselha a morar com meu cavalariço?

– Eu disse que talvez o senhor não concordasse, porém, essa foi a única idéia que me ocorreu. Sinto muito se o ofendi.

O senhor feudal calou-se então e ficou taciturno a pensar. Como seria morar num casebre? Muitas vezes em suas cavalgadas de inspeção rotineira pela propriedade, ao passar pela pequena aldeia onde residiam seus servos, tivera dificuldade para manter-se sem levar seu lenço perfumado ao nariz. Via crianças, porcos e galináceos disputando espaço nas estreitas vielas. Havia lixo e água servida por toda parte exalando terrível mau cheiro. Como aquele povo conseguia viver em tal promiscuidade? Perguntava-se. Agora, aquele velho que diziam sábio, o aconselhava morar com aquela gente! Conseguiria? Por algum tempo, se descobrisse o que estava a lhe faltar para ser feliz, valeria a pena suportar tal humilhação. Não custava tentar.

— Muito bem — disse finalmente. Como devo me apresentar na casa do cavalariço?

— Está claro que o senhor não deverá apresentar-se como é, pois dessa maneira receberia tratamento privilegiado por todos, fazendo com que o plano viesse a falhar rotundamente. Creio que o senhor deva disfarçar-se para ser recebido como um igual.

— Bem pensado — concordou o senhor —, irei disfarçado de caçador, pois que esse ofício conheço bem, uma vez que a caça tem sido minha diversão predileta.

Deixando então instruções sobre a administração da propriedade a seu secretário particular, homem de sua inteira confiança e único a saber sobre a insólita aventura, o senhor das terras, disfarçado em caçador, surgiu na aldeia num fim de tarde, já pelo lusco-fusco, e pediu abrigo no casebre do cavalariço.

A recepção que lhe foi oferecida foi de uma hospitalidade tal, que pensou ter sido reconhecido e estar sendo bajulado. Só alguns dias mais tarde, percebeu que aquela fora uma manifestação sincera, pois assim agiam com todos que lhes batiam à porta.

O interior do casebre era cuidado com muito esmero pela dona da casa que o mantinha limpo e até perfumado com flores do campo, tornando-o agradável e aconchegante apesar da simplicidade. Não demorou para que o nobre percebesse que seu serviçal era um pai de família extremoso, de bons modos e profundamente religioso. As refeições, que geralmente consistiam de pão e cozidos de legumes, só se iniciavam após preces de agradecimento a Deus pelo alimento sobre a mesa. O falso caçador, diante da parca refeição, embora saborosa, sentiu-se envergonhado e com a consciência pesada, pois sabia que o que comesse faltaria às crianças.

Alguns dias se passaram sem que o senhor das terras percebesse o que o seu cavalariço possuía de diferente para ser feliz, entretanto, percebeu isto sim, o que lhe faltava, não só a ele e à sua família, mas a todos da aldeia, para terem uma vida mais confortável. Observou a falta de higiene que cercava os casebres, que por sua vez estavam a merecer reformas. Notou a escassez de alimentos nas dispensas. Aquele era seu povo. Era aquela gente que trabalhava os campos desde a madrugada até o pôr-do-sol para manter sua mesa farta e sua adega abarrotada de bons vinhos. Sentiu que muito embora a maioria dos homens aceitasse de bom grado o pouco que recebiam em troca, existiam aqueles que se revoltavam e não economizavam impropérios contra o amo e senhor das terras.

Toda aquela miséria tocou-o profundamente, a ponto de passar ao seu secretário, logo que se encontraram a sós em meio a floresta, uma lista de providências a serem tomadas com urgência. Assim é que logo os aldeões em festa notaram as mudanças sem compreendê-las. O lixo foi retirado. Foram abertos canais para a drenagem das águas servidas. Os casebres tiveram seus telhados e frestas das paredes consertadas. Foi distribuído maior volume de alimentos, tendo sido permitido também o acesso à caça, antes privilégio dos nobres. E para completar, cada família recebeu de quebra um odre de vinho, com a promessa de que o presente se repetiria mensalmente.

Após todas as medidas da lista serem tomadas, e o senhor das terras ver com seus próprios olhos a alegria de seus servos perante as mudanças que ele próprio havia proporcionado, retornou ao palácio satisfeito, porém ainda com a consciência pesada por ter permitido àquela gente tanto sofrimento por tanto tempo. Só então se lembrou que começara aquela aventura para descobrir o que o cavalariço possuía a mais do que ele para ser feliz, e acabou por descobrir o que faltava a ele e a toda a aldeia para terem uma vida um pouco mais confortável.

O resultado das mudanças na aldeia não demorou a ser notado pelo nobre senhor. O trabalho antes penoso, agora era executado com alegria. Logo a produção dobrou de quantidade, trazendo para o dono das terras um lucro nunca esperado.

Algum tempo depois o agora mais rico senhor voltou a procurar o velho sábio, dizendo-se frustado pelo plano não ter dado os resultados esperados, uma vez que ele não conseguira descobrir o motivo pelo qual seu servo era mais feliz do que ele, embora vivendo em extrema pobreza.

– Mas os resultados foram excelentes, não foram? – perguntou o sábio.

– Sim, acabaram sendo excelentes para meus negócios, porém, ainda não obtive resposta para minhas dúvidas e agora mais do que antes continuo infeliz, porque quando pensei estar fazendo o bem, na verdade eu é que obtive maior vantagem.

– O senhor já obteve a resposta, só que ainda não se deu conta – tornou o sábio, que contendo a emoção continuou: No aumento da sua fortuna é que se encontra a resposta para suas dúvidas.

– Desculpe, mas não consigo entender como isso pode ser.

– Então vou lhe explicar: quando o cavalariço o recebeu em sua casa, não tinha a menor idéia de quem o senhor fosse, portanto não esperava receber qualquer recompensa pela hospitalidade oferecida, e mesmo assim o recebeu como a um irmão, não foi assim? E sem esperar resposta prosseguiu: o mesmo se deu com o senhor, quando, tocado no fundo do seu coração ao ver a miséria daquela gente, resolveu, seguindo o conselho do Sábio dos Sábios, empregar parte da sua fortuna na limpeza e reforma da aldeia, bem como na melhoria da alimentação de seus servos, e o fazendo sem nada esperar em troca, não foi assim?

– Sim... me parece que sim – balbuciou o nobre começando a entender.

— Aí está então! O segredo da felicidade do seu servo tratador de cavalos está no fato de sempre ter dado do pouco que tem sem esperar receber nada em troca. Quando se faz o bem sem esperar recompensa, ela acaba vindo até sem que o percebamos. O aumento da produção ocorrido na sua propriedade é uma prova irrefutável dessa máxima. Vá em paz, continue amparando da mesma forma e será feliz.

O homem rico, com o olhar enuviado pelas lágrimas que ameaçavam inundar-lhe o rosto, abraçou aquele velho sábio e se foi, sentindo na leveza da alma que já era "FELIZ."

— Que tal, gostou? Perguntou minha esposa terminando a leitura.

— Achei muito bom e creio que se encaixa bem no tema da palestra, porém, me parece um pouco extenso... Talvez com uma boa enxugada fique perfeito.

No restante da viagem, ocupei minha mente com o tema da palestra que minha esposa preparava. E pensei que, com a história do nobre rico que acabara de ouvir, o escritor pretendia demonstrar na prática a eficácia da famosa prece do fundador da Ordem Franciscana na parte que se referia a "é dando que se recebe". Sobre o mesmo tema, o Apóstolo dos Gentios já deixara claro que nada do que fizermos, sem o concurso da caridade no coração, nos adiantará. Bem mais tarde ainda, essa assertiva era confirmada pelo Codificador da Doutrina Espírita em sua não menos importante frase "fora da caridade não há salvação". Quando doamos sem esperar recompensa, abrimos um canal por onde fatalmente se dará o retorno. O Mestre Nazareno já garantia isso quando aconselhava que cuidássemos antes das coisas do Pai, e o resto nos seria dado por acréscimo.

6

E o "milagre" aconteceu

Durante a semana que se seguiu, só voltei a me lembrar do abacateiro quando na quinta-feira, durante a reunião do grupo, o rapaz que me presenteara perguntou-me se já o havia plantado. Disse-lhe rapidamente que não, e prometi que falaríamos do assunto outra hora. No término da reunião, expliquei-lhe por que não plantara o pé de abacate no quintal da casa, informando-o do local onde pretendia fazê-lo. Talvez pelo fato de ter percebido que me havia dado um presente de grego, ou quem sabe por não ter gostado do destino que eu iria dar ao seu presente, o certo é que meu amigo pareceu-me um tanto constrangido ao ouvir as explicações. Daí em diante não voltamos a tocar no assunto.

O abacateiro me foi dado no início de maio, e resolvi que só o plantaria em setembro, por dois motivos: primeiro que só o levaria para a beira do rio quando fosse pescar, e não pretendia fazê-lo durante os meses que não possuem "R". Por quê? Porque no mês sem "R" não dá peixe, diziam os pescadores do nosso rio. Isso, porém, tem uma explicação se não científica, pelo menos plausível. O que acontece é que os meses de maio a agosto abrangem o fim do outono e todo o inverno, período em que a água esfria e as espécies de peixes que habitam nosso rio e lagoas se retraem, como se hibernassem, e dificilmente mordem a isca. E em segundo lugar, porque nesses meses chove muito pouco e uma árvore recém-plantada poderia ressentir-se de falta d'água. Esses motivos, entretanto, não passavam de desculpas para protelar o plantio do abacateiro. Na verdade, eu ainda esperava por um "milagre" que me permitisse plantá-lo em um sítio onde pudesse vê-lo com freqüência e talvez cuidá-lo pessoalmente.

Embora nos ensine a Doutrina Espírita que milagres não existem, ás vezes acontecem coisas que se lhes assemelham. Certo dia, estava eu em um armazém fazendo algumas compras quando casualmente ouvi de dois senhores conversando, a palavra abacateiro. Aproximei-me e indiscretamente apurei os ouvidos e ouvi a palavra mágica – "enxerto". A palavra soou como música aos meus ouvidos. Surgia então uma esperança de estar ali o esperado "milagre". Lembrei-me logo de que certa vez em uma viagem pelo interior, vi na beira da estrada uma plantação de abacates, que embora pelo diminuto tamanho parecessem árvores novas, estavam carregadas de frutos enormes. E só agora me dava conta de que poderiam ser árvores enxertadas. Certas árvores, quando enxertadas, crescem menos e são muito mais produtivas. O abacateiro seria uma delas? Pedi licença e perguntei àqueles dois senhores se sabiam como se enxertava abacateiros. Não, eles não sabiam, mas sabiam que era possível enxertá-los, pois conheciam árvores dessa espécie enxertadas, e confirmaram que não cresciam como as plantadas por sementes.

Mesmo sem descartar a idéia anterior de plantá-lo na beira do rio, comecei a pensar na possibilidade de enxertar meu abacateiro. Meu pai possuíra uma boa mão para enxertos. Eu o vi enxertar laranja baiana e mexerica em um mesmo pé de limão bugre, de forma que o limoeiro passou a produzir laranjas e mexericas ao invés de limões. Sei, hoje, que as árvores frutíferas, para serem mais produtivas, são todas enxertadas. Aprendi com meu pai a enxertar cítricos. Consegui sucesso em algumas tentativas, porém, não tinha a menor idéia de como enxertar um abacateiro. O enxerto em cítricos se faz retirando-se um pequeno quadrilátero da casca do limoeiro onde haja um broto em potencial, colocando-se sobre o local um quadrilátero da casca do cítrico que se queira enxertar. Posteriormente, corta-se o pé de limão um pouco acima do enxerto. Toda árvore cortada no tronco tende a brotar, e quando os brotos começarem a surgir terão que ser eliminados com exceção do que surgir no enxerto. Esse formará a nova árvore montada no tronco do limoeiro. Por isso esse tronco é conhecido como "cavalo".

Por essa época, eu estava preparando uma aula para o curso básico de Espiritismo, sobre as três grandes revelações. Quando estudava a primeira revelação representada pelos dez mandamentos, talvez sugestionado pela idéia do enxerto que com freqüência me ocupava a mente, percebi que o Judaísmo trazia na sua história algo que o assemelhava ao pé de limão bugre, utilizado nos enxertos. A princípio afastei a idéia por julgá-la tola, mas depois, meditando demoradamente a respeito durante uma das viagens, vi claramente a semelhança. O povo judeu, escravizado no Egito e protagonista do *Êxodo*, por necessidade, tornou-se rústico e resistente como o limoeiro bugre. Sua resistência e determinação por várias vezes colocadas à prova demonstraram-se inquebrantáveis. Nem a mais humilhante escravidão conseguiu dobrar a coragem e a fé do povo hebreu, que se manteve fiel ao seu Deus, do qual se julgavam o povo escolhido. Toda a odisséia vivida por aquele povo era necessária justamente para que fosse testada sua fidelidade religiosa, uma vez que a fé no Deus Único teria que se manter a qualquer custo. O Messias viria, e teria que forçosamente nascer no seio de um povo crente em um único Deus, pois se assim não fosse, o Cristo não poderia proclamar-se Filho de Deus, porque logo lhe perguntariam: de qual deles? Isso porque os outros povos da época eram politeístas.

E foi justamente sobre esse tronco judaico, de resistência comprovada, que mais tarde foram enxertadas as religiões Cristã e Islâmica. Religiões que talvez em parte, devam seu êxito ao fato de terem nascido e crescido apoiadas nesse tronco, cuja fortaleza se assemelhava a do pé de limão bugre. Não podemos nos esquecer da obstinação do Apóstolo dos Gentios, em sua difícil tarefa de levar o Evangelho aos povos não judeus. Essa obstinação não teria sido adquirida em seu estágio no Judaísmo? Esse estágio, muito provavelmente tenha acontecido a propósito, a fim de fortalecer-lhe o caráter e prepará-lo para a espinhosa missão. A religião Cristã adotada por Roma e amoldada às necessidades do Império sob a veste do Catolicismo, dominou soberana todo o Ocidente até o século XVI, quando os reformadores, partindo do mesmo tronco, criaram o Protestantismo que, por sua vez, ramificou-se nas várias religiões protestantes surgidas na Europa, e que mais tarde migrariam para a América. Também se dizem protestantes as seitas Evangélicas que hoje proliferam. Todos ramos do mesmo tronco. O Espiritismo, por sua vez, também possui raízes no tronco judaico, uma vez que nós espíritas somos Cristãos.

A idéia do enxerto amadurecia e finalmente passou a ser um projeto viável quando descobri a maneira de pô-la em prática. Aprendi que para esse tipo de enxerto, o método a ser usado deveria ser o da cunha. Corta-se a árvore existente, deixando-se um tronco de uns dez centímetros. Faz-se um corte vertical no tronco onde será introduzida a ponta em forma de cunha do galho da árvore que se deseja enxertar. Depois basta amarrar o local do enxerto fortemente e aguardar.

Meu pequeno pé de abacate seria mutilado, sacrificando-se em prol de meu egoísmo. Se o plantasse na beira do rio como era a intenção anterior, não haveria necessidade de fazê-lo sofrer o traumatismo a que seria submetido.

A operação foi realizada no fim de julho, época propícia para enxertos. Na noite anterior ao evento quase não dormi. Passava e repassava mentalmente cada passo, cada detalhe do trabalho a ser executado no dia seguinte. E se não desse certo? Afinal, eu nunca havia feito aquilo antes. Não aquele tipo de enxertia. Vira enxertos feitos por meu pai falharem, e o que me garantia que o mesmo não aconteceria com o meu? Consegui conciliar o sono somente pela madrugada. De manhã, tomei café rapidamente e fui até a casa onde na semana anterior tinha visto o pé de abacate que escolhera para o enxerto. Era uma árvore magnífica, que ainda exibia alguns enormes e belos frutos. Encontrei o dono da casa trabalhando no imenso quintal que mais parecia uma chácara. Pedi um galho do abacateiro e fui convidado a entrar e apanhá-lo pessoalmente. Escolhi um cuja ponta me pareceu ser da mesma grossura do tronco do meu abacateiro, agradeci e corri para casa. Afiei minha faca de pesca e me preparei para a parte mais difícil, cortar minha querida arvorezinha. O que me deu coragem foi pensar que se não desse certo, talvez ela brotasse novamente. De um único golpe decepei o tronco e rapidamente executei todo o serviço. A sorte estava lançada, agora só restava esperar que o que restara do meu valente abacateiro não me decepcionasse.

Agora só dependia de sua boa vontade em humildemente aceitar um corpo estranho como extensão do seu. Eu estava apostando naquela espécie de afinidade que se criara entre nós. Ou seria essa afinidade fruto de minha imaginação? A verdade é que só me restava esperar e torcer. Quem sabe acontecesse com os abacateiros o mesmo que eu acreditava acontecer com os cítricos. Lembro-me que enquanto auxiliava meu pai com os enxertos, imaginava que o pé de limão que servia de "cavalo" estava sendo enganado. Alguns dias após a amputação, o instinto de sobrevivência era acionado e logo surgiam tenros brotos. O valente limoeiro não queria morrer. Acontece que os brotos eram eliminados com exceção do que surgisse sobre o local do enxerto, e então, agradecido, o pé de limão direcionava toda sua força para o broto remanescente acreditando ser seu.

Com os abacateiros, de um modo geral, poderia acontecer o mesmo, mas não com o meu. No meu devaneio, queria que ele soubesse que o enxerto era a única maneira de nos manter próximos. Queria que ele recebesse aquele pequeno galho alheio, o adotasse e que soubesse que eu sentia sua dor e que se pudesse a evitaria. Tudo isso fora lhe dizendo em voz baixa, quase mentalmente, enquanto trabalhara a enxertia.

As primeiras semanas foram expectantes. Os sábados eram aguardados com uma certa dose de ansiedade. Às vezes viajávamos nas sextas, pela tarde. A primeira coisa que fazia, após um rápido cumprimento à sogra e à cunhada, era correr até o fundo da casa para ver o resultado de minha obra. Hirto, como uma vareta fincada no solo, meu abacateiro que agora nem se parecia com um, não dava sinais de vida. O que estaria se passando sob a bandagem que cobria o enxerto? Essa era a pergunta que ficava sem resposta. Era preciso aguardar. Não se pode apressar a natureza além do permitido por ela própria.

Nosso imediatismo traz a ansiedade, e no rastro dela vem o sofrimento. Isso porque queremos tudo já, para ontem, se possível. Mas a natureza não dá saltos. Não? Então como se explica o avanço tecnológico na agropecuária? Os vegetais produzem cada vez mais e em menos tempo. As frutas, embora não tragam o sabor de outrora, são hoje maiores e de aparência saudável e apetitosa. Os animais crescem e engordam de maneira precoce. Não seria isso fruto da ação do homem, interferindo na natureza, fazendo-a saltar? O que na verdade ocorre é que os recursos que a mãe natureza coloca à disposição do homem são elásticos, sempre foram. O homem é que por muito tempo não soube como aproveitá-los, talvez porque não tivesse necessidade. Com a explosão demográfica, milhares de bocas famintas clamando por alimentos, obrigaram-no a procurar na Ciência uma maneira de aumentar a produção. O aproveitamento dessa elasticidade oferecida pela mãe natureza, porém, não nos isenta de responsabilidade sobre os excessos cometidos. Sempre seremos chamados a restaurar os danos e a resgatar os débitos assumidos, nesta ou em quantas encarnações forem necessárias.

O ser humano sempre necessitou do aguilhão das dificuldades para crescer. Pena que só consegue enxergar com os olhos físicos, e por isso sua preocupação se volta totalmente para as necessidades materiais. Não percebe que assim agindo está apenas combatendo os efeitos, porque a verdadeira causa das dificuldades e do sofrimento da humanidade é invisível aos olhos, apesar de estar no homem. Por essa razão, o Espiritismo nos aconselha o trabalho de transformação interior, ou reforma íntima, como base para o crescimento moral, único caminho para a redenção do homem.

A solução encontrada por mim para não me afastar da minha árvore foi uma ínfima mostra do que se pode alcançar quando realmente se deseja algo. Essa lição aprendi com meu pai: nunca desistir dos sonhos! É preciso mantê-los vivos à força do trabalho. Porque o trabalho opera maravilhas, e nada, absolutamente nada resiste a ele. O importante, mesmo, é nunca permitir que a tentativa da realização de um sonho, quer obtenhamos sucesso ou não, nos impeça de continuarmos sonhando.

E foi assim que cinco semanas foi o tempo necessário para que eu pudesse ver as primeiras folhinhas surgirem naquele tronco aparentemente sem vida. A princípio em forma de pequeninas orelhas, para modificarem-se a cada dia, até se tornarem folhas grandes e tão verdes e belas como antes. O enxerto fora um sucesso! Meu pequeno abacateiro ressurgia como uma pequena fênix cabocla.

Agora, o toque final! Esse toque era o transplante da lata onde estivera desde o seu nascimento, para a terra do quintal, local que ocuparia até o final da sua verde vida. Ali ele cresceria livre. Poderia esticar suas raízes em busca de alimento e umidade. Seria o rei do quintal. Apesar de esperar que meu abacateiro não crescesse como os abacateiros comuns, não enxertados, pretendia plantá-lo em local que os vizinhos fossem incomodados o menos possível. Assim, escolhi o lado direito do quintal. Daquele lado, o terreno do vizinho era enorme e sempre coberto de mato, mais parecia um terreno baldio. Dessa forma, mesmo que meu abacateiro estendesse seus galhos além da divisa, em nada incomodaria. O vizinho da esquerda praticamente não possuía quintal. Seu terreno pequeno era ocupado com cômodos, que serviam de moradia a dois filhos do proprietário e meu companheiro de pescaria. Aliás, meu segundo parceiro de pesca, uma vez que o primeiro já deixara de pescar neste plano há algum tempo...

7

Podia ser pior...

Lembrei-me do meu amigo e primeiro companheiro de pescaria. Quando o conheci, eu devia estar no máximo com 27 anos, e ele já passava um bom tanto dos 50. Tinha, portanto, idade suficiente para ser meu pai. Durante 20 anos pescamos juntos e com ele aprendi tudo o que sei sobre pesca amadora em rios e lagos. Apesar de iletrado, era inteligente, extrovertido e muito divertido. Enquanto pescava me divertia e aprendia com sua filosofia caipira. No início de nossa parceria, quando tínhamos um dia péssimo de pesca, desses dias em que os peixes demonstram total indiferença para com as iscas, sequer se dignando a mordiscá-las, eu me lamentava. Considerava um dia totalmente perdido. Meu amigo, entretanto, exclamava bem humorado: "Podia ser pior!". Como seria possível ser pior, se não apanháramos sequer um lambari que fosse? Questionava eu irritado. Com seu sorriso matreiro ele completava: – "Podia estar chovendo, por exemplo, ou você podia ter enfiado o anzol no dedo, não podia?" E se afastava rindo como se divertindo à minha custa.

Só mais tarde compreendi que pescar não significava apenas pegar peixes – se quiser comer peixe vá ao mercado e compre – dizia o velho rindo. Uma pescaria ia muito além disso. Aprendi com o tempo, e com a calma exemplar do velho, a admirar as belezas que cercavam o meio ambiente ribeirinho, até então ocultas pelo véu da cegueira urbana de que era portador. Ali, uma enorme e magnífica garça branca mantendo-se totalmente imóvel como uma estátua, aguardando o momento de dar o bote e apanhar seu peixe; acolá, um ingazeiro florido debruça-se sobre as águas do rio duplicando sua bela imagem; em frente, na margem oposta, um bando de maritacas em algaravia fazem festa; mais adiante, a beleza simples de uma curva do rio. Sem falar das plantas que crescem fartamente sob a mata ciliar, como as bromélias, avencas e orquídeas. Aquela explosão de sons e cores foi surgindo aos poucos, como se camadas obliterantes fossem paulatinamente expurgadas de meus olhos e ouvidos. Levou tempo para que eu começasse a perceber essas maravilhas. E isso sim é que se poderia chamar perda de tempo! No entanto, não foi bem assim. Tudo na vida tem seu tempo. O aprendizado carece de tempo. E acabei por aprender a admirar todas essas coisas, enquanto esperava pacientemente que os peixes mordessem a isca, e às vezes acontecia nem morderem. Mas isso agora já não tinha tanta importância, uma vez que finalmente eu havia compreendido o que meu velho amigo queria dizer com sua frase – se quiser comer peixe vá ao mercado e compre.

Descobri também, e isso bem mais tarde, que a frase filosófica "podia ser pior" cabia perfeitamente em todos os tropeços e dificuldades de nossas vidas. Associando a frase aos meus parcos conhecimentos da doutrina espírita, não tive dúvida quanto à descoberta.

Ensina-nos a Doutrina que Deus não castiga nem premia ninguém. Ao invés de nos observar, medindo a extensão de nossos pecados para aplicar-nos o castigo adequado, Deus criou Leis eternas e imutáveis às quais estamos todos sujeitos. Toda vez que agimos em desacordo com uma dessas leis, adquirimos um débito passível de resgate. Durante as nossas muitas passagens pelo planeta, em várias reencarnações, fomos acumulando débitos, incorporando maus hábitos e conseqüentemente comprometendo reencarnações futuras com essas imperfeições. Da justiça Divina não há como fugir. Não se pode subornar um santo, ou mesmo arranjar-se um "cartucho" com um espírito amigo, que nos permita safar-nos do resgate. Todos, sem exceção, seremos responsabilizados por nossos atos e teremos que enfrentar a Justiça do Pai. Entretanto, Deus como Pai amantíssimo que é, nos permite que quitemos nossas dívidas em parcelas. E, com sua infinita misericórdia, jamais coloca sobre os ombros de um de seus filhos, peso maior do que ele possa carregar. Portanto, sempre que sofrermos, além de pedirmos perdão porque pecamos, poderemos dizer: "podia ser pior", e poderia certamente, não fosse a misericórdia do Pai.

Meu amigo e professor das artimanhas da pesca desencarnou enquanto se dirigia para mais uma das suas pescarias diárias. Dissera-me certa vez, que gostaria muito de morrer pescando. Naquele dia, porém, não chegou ao rio. Caiu a poucos metros da água, e senti muito não estar com ele.

8

Flores de saudade e de esperança

Com exceção de minha sogra, o abacateiro cativou a todos naquele primeiro ano de vida no quintal. Sempre achei que era fita da velha, e que na verdade ela também capitulara aos encantos da arvorezinha, que crescia feito uma criança passando para a adolescência – magro e comprido. Era uma vareta com umas folhas na ponta, que mais se pareciam com penduricalhos. Em um ano ultrapassou-me em altura chegando a uns dois metros. Qualquer um que não conhecesse sua história, dificilmente enxergaria naquele varapau alguma atração. Talvez seu encanto estivesse no fato de assemelhar-se a uma criança abandonada ou que perdeu os pais, e, apesar de adotada, manter aquele ar de carência e de falta de afeto, tão comum nas crianças órfãs.

Era feio? Não, era apenas uma vara comprida com algumas folhas verdes na ponta. Às vezes chegava a pensar haver alguma coisa errada com ele. Teria sido correta a técnica do enxerto? Não teria eu criado uma aberração?

– Você devia era cortar essa coisa – dizia minha sogra escondendo o riso.

– Vamos deixar como está para vermos como fica – respondia, também em tom de brincadeira.

Para alívio meu, logo no início do segundo ano, os primeiros galhos começaram a surgir e o tronco já dava indícios de que engrossaria. Sua sombra, embora incipiente, já se fazia presente no quintal castigado pelo sol da tarde. No final daquele ano, transformou-se em uma bela árvore, cuja sombra era por todos disputada, inclusive pela turrona de minha sogra, que finalmente escancarou seu amor pelo meu abacateiro, exigindo que um banco fosse colocado à sua sombra para seu uso exclusivo.

As flores foram nos últimos anos a paixão de minha sogra, que foi nascida e criada na roça, de onde só saiu depois de casada e já com duas filhas. Morando na cidade, manteve vivo o gosto pelas plantas, o que me levou a acreditar que sua implicância com o pobre e inocente pé de abacate era mais por receio de ter invadido seu território floral. Percebendo o engano, embora sem admiti-lo, e sentindo como todos nós que a árvore o que fazia era dar mais vida ao quintal, tomou-se de amores por ela.

– Quero ver esse abacateiro florido e quem sabe ainda comer seus frutos – disse-me um dia.

A primeira florada aconteceu antes dos três anos, contudo, minha sogra infelizmente não a viu como era seu desejo, embora ainda estivesse viva quando do surgimento das primeiras flores. No dia seguinte ao seu desencarne, cansado pela noite insone, fui até o quintal e me admirei ao ver o abacateiro coberto de flores como a homenagear a amiga tão custosamente conquistada.

Nos últimos meses de vida, minha sogra não saiu de casa sequer para ir à missa aos domingos. Durante esse tempo, alguns voluntários ligados à Igreja, pertencentes certamente a alguma congregação, vinham semanalmente trazer-lhe o conforto espiritual por meio da reza do terço e da hóstia consagrada previamente pelo pároco. Esse pessoal realizava um lindo trabalho muito parecido com o trabalho dos Samaritanos do nosso Centro Espírita, que também levam o socorro espiritual em domicílio para aqueles impossibilitados de se locomoverem até o Centro. Sendo católica fervorosa, aquela mulher jamais fez qualquer censura à nossa crença, e nunca deixou transparecer o mínimo desagrado pela filha, minha mulher, ter se tornado espírita. Nosso último passeio, nós o fizemos na semana anterior ao seu desencarne. Como ela nunca saía, eu a levava de vez em quando para uma volta de carro, ora na cidade, ora no campo. Gostava de ouvir suas histórias, todas já ouvidas um sem-número de vezes, porém, ela possuía uma capacidade ímpar de modificá-las a cada narração. Aquelas histórias, contadas à vista do cenário onde os fatos – alguns supostamente – ocorreram, ficavam bem mais interessantes. Por isso, quando saíamos, o fazíamos sozinhos, e na maioria das vezes íamos visitar os sítios onde ela vivera sua infância e juventude.

– Eu morava lá naquela penúltima casa – me dizia, apontando para a colônia cujas casas envelhecidas ainda se mantinham habitáveis. Ali, mais para o centro da colônia ficava o grande terreiro de café, onde os bailes aconteciam. Parece que estou ouvindo o som da sanfona! E continuava: – Lá embaixo ficava a bica d'água onde a gente lavava roupa. Havia um monjolo e ainda deve ter lá uma cruz indicando o local onde morreu a moça mais bonita da região.

– Morreu como? – perguntava só para ouvir a história mais uma vez.

– Suicidou-se tomando formicida, a coitada!

– Puxa! Que trágico! Soube-se o motivo?

– Amor não correspondido, disseram. Muito se falou sobre o assunto, e por muito tempo. Uma hora o alvo era o filho do patrão, outra hora era um moço um tanto misterioso, que supostamente viera até o sítio para uma partida de futebol. Mas, na verdade, só as amigas mais íntimas sabiam quem fora o grande amor da pobrezinha e a causa do suicídio.

– E quem era? – perguntei como se já não soubesse.
– Éramos eu e mais duas outras amigas.
– Não, perguntei quem era o grande amor da moça!
– Era um padre novo que foi mandado pela Cúria, para substituir o nosso vigário que havia morrido. Imagine! Apaixonar-se por um padre! Só podia dar no que deu.

Conhecia aquela tragédia de amor de cor e salteada, pelas muitas vezes que a ouvira, contudo, naquele dia, próximo ao cenário do funesto acontecimento, me quedei a imaginar aquela moça, talvez menina ainda, no frescor da idade, ceifando a própria vida por amor. Claro que esse tipo de morte não fora o único a chegar-me ao conhecimento. Muitos jovens no passado, principalmente moças, interromperam o processo reencarnatório por meio do suicídio. Amores não correspondidos, amores impossíveis, amores truncados pelo tão conhecido autoritarismo paterno da época, ou ainda a perda extemporânea da virgindade, eram imputados como as causas desses infaustos acontecimentos, que acabaram como tema de inúmeros lacrimosos romances. Nos dias de hoje não acontece mais esse tipo de suicídio. Atualmente, ninguém morre por amor, no entanto, o suicídio acontece por uma infinidade de outros motivos, e em muito maior número do que naqueles tempos.

Os desencarnes de hoje são, em grande número, senão a maioria, suicídios, embora a medicina assim não ateste. São os chamados suicídios inconscientes, que em realidade nem sempre são tão inconscientes assim. Me refiro aos óbitos cuja causa são os tóxicos. Nos dias atuais, com as informações largamente divulgadas sobre os malefícios das drogas causadoras de dependência, informações essas acessíveis a todas as classes sociais, e principalmente à população jovem, não há como alegar ignorância a respeito dos danos à saúde causados pelo uso de drogas, seja ela de que tipo for, lícita ou ilícita.

As drogas lícitas, no entanto, têm sido as mais ameaçadoras, por serem as que mais têm ceifado vidas. O que as faz tão funestas é justamente sua condição de lícitas. O álcool e o cigarro juntos são os maiores causadores de mortes do planeta e, no entanto, podem ser adquiridos em qualquer esquina e em qualquer quantidade por qualquer um que possa pagar.

O suicídio é sempre um trágico acontecimento, que traumatiza a família do infausto desencarnado e consterna amigos e parentes. Isso, porém, é apenas a ponta do *iceberg*, são as conseqüências da tragédia sentidas pelos encarnados. O problema maior, no entanto, será o sofrimento daquele que, por ignorância, atentou contra a própria vida, segundo atestam os próprios espíritos suicidas em sessões de desobsessão e também nas várias entrevistas encontradas no livro *O céu e o inferno*, da codificação.

Todo recém-desencarnado passa por um período de perturbação mais ou menos longo, de acordo com o apego maior ou menor de cada um, às pessoas ou coisas materiais aqui deixadas. É o período de readaptação ao mundo espiritual, após um tempo mergulhado na matéria. Os suicidas, entretanto, quando se dão conta de que a vida continua, têm essa perturbação acrescida pela conscientização do crime praticado e, aí, certamente dirão: Ah! se eu soubesse... Claro está que a inconsciência do ato praticado é levada em consideração, embora não isente o suicida de responsabilidade.

9

Marta e Maria

Suicídio inconsciente lembra tabagismo, e logo me traz à mente a história de uma de suas vítimas. Refiro-me a uma mulher extraordinária, exemplo de humildade, renúncia e amor ao próximo, que conheci no início dos anos 60, quando eu ainda não completara 21 anos, na minha primeira viagem para aquela região do interior, convidado que fora pelo filho da protagonista da história.

Conheci o rapaz na escola, onde tanto ele quanto eu terminávamos o curso de técnico em contabilidade. Além da escolha profissional, tínhamos ainda em comum o gosto pelo futebol. Participamos de torneios internos na escola, e jogamos juntos pelos campos de futebol que naquele tempo existiam em grande quantidade pelas várzeas e terrenos baldios de nossa cidade e das vizinhas. Meu amigo, porém, fim de semana sim, fim de semana não, viajava para o interior, onde deixara além da família, uma namorada. Foi assim, que certo dia convidou-me para visitar a sua cidade.

– Você vai adorar! – exclamou. – É uma cidade pequena, mas deliciosa.

– Será que lá terá um hotelzinho com preços módicos, acessíveis às minhas posses? – brinquei.

– Preços módicos? De onde você desenterrou isso? – disse continuando a brincadeira.

– É que a gaita anda curta, e se o preço não for módico não dá mesmo pra ir – asseverei.

– Nada de hotel – disse-me ainda rindo –, você é meu convidado e vai ficar em minha casa. Não é uma casa de luxo, pelo contrário, até que está reclamando uma boa reforma, mas é bastante grande e confortável.

Eu ainda não tivera a oportunidade de conhecer a nova estação rodoviária da capital. Era a primeira vez que iria viajar a partir dali, e também debutaria quanto ao uso da escada rolante, uma vez que ainda não tivera chance de usá-la até então. A nova estação era deslumbrante! Com sua cúpula abobadada toda construída em acrílico colorido, e seu vasto salão de espera com várias e longas fileiras de cadeiras de plástico, oferecendo conforto aos viajantes, tornava-se para mim um belo e auspicioso início de viagem.

Chegamos ao destino por volta das dez horas. Era dezembro e o calor era tanto que tive a impressão de que lá havia um sol para cada indivíduo, e o meu me parecia bem mais quente. A rodoviária funcionava em um pequeno salão situado em uma das esquinas da praça central, e, logo ao saltar do ônibus, me senti como se estivesse em casa. Foi amor à primeira vista. A cidade parecia acolher-me com o carinho de uma mãe saudosa, e eu, sentindo-lhe o afago, passei desde então a considerá-la como uma das minhas cidades favoritas entre as várias em que morei. A igreja, com sua praça defronte, em cujo centro destacava-se o coreto, os prédios em volta o gorjeio dos pássaros, o canto metálico das cigarras, eram colírio para meus olhos e música para meus ouvidos. Me senti feliz. Sentado num banco sob uma árvore da praça, fugindo da inclemência do sol enquanto esperava por meu anfitrião que entrara numa loja para apanhar uma encomenda, relaxei, me deixei acariciar pela brisa e usufrui da calma e do silêncio bucólicos de uma vila do interior.

— Vamos pra casa — Chamou-me o amigo aproximando-se sem que o tivesse percebido.

— Sente-se um pouco, homem... Por que a pressa? — tornei sem me voltar.

— Você vai ter muito tempo para conhecer e admirar minha terra natal, afinal ela não é muito grande — e puxando-me pela mão para que me levantasse, concluiu: — Vamos, minha mãe nos espera com seu famoso bolo de fubá e o café passado na hora.

— Olha que agora você me convenceu! — E passando a mão em círculos sobre o estômago continuei: — Se esse bolo for a metade do que você apregoa vou passar vergonha, porque estou com uma tremenda fome, e sou capaz de comê-lo todo sozinho.

Caminhamos pelo passeio estreito de uma rua também estreita, calçada como todas as outras de paralelepípedos que brilhavam ao sol e faiscavam com as batidas das ferraduras dos animais, que desciam a rua trazendo o pessoal da roça para as compras do fim de semana. Há muito que não ouvia o som das ferraduras no contato com as pedras da rua, naquele característico *clóc... clóc,* que em criança imitávamos estalando a língua contra o céu da boca.

Poderia aqui ficar descrevendo a cidade por horas a fio, não por que houvesse muita coisa a ser descrita, porém, os detalhes eram abundantes. Eu jamais vira uma cidade histórica, e naquela podia-se sentir com a alma as pegadas dos Bandeirantes. Por ali passaram os desbravadores dos sertões. Como disse um dia um célebre poeta "os plantadores de cidades". Esses intrépidos homens partiam do porto existente no povoado e desciam o rio em direção ao sertão.

Poderia ainda descrever a igreja imponente e o casario, que no centro da cidade era na maioria construído no estilo colonial — digo era, porque atualmente muitas casas tiveram suas fachadas modernizadas, perdendo o encanto poético que guardaram até aquele tempo. Poderia ainda descrever seu povo, tranqüilo, simples e acolhedor. Uma gente, que educada à moda cabocla, com seu linguajar típico da região, me encantou, e levou a sentir-me muito à vontade como se fizesse parte daquela comunidade. Poderia ainda falar sobre meu namoro, noivado e casamento com uma moça da terra, que conheci naquela primeira viagem. Da sua família da qual com orgulho passei a fazer parte, porém, esse não é o escopo deste relato. Talvez em outra ocasião encontre inspiração para escrever sobre todas essas coisas.

Agora, porém, pretendo apenas relatar a história de uma pessoa muito especial. Chamava-se Marta... dona Marta para mim. Marta era a mãe de meu amigo e anfitrião.

– Muito prazer – disse estendendo-lhe a mão.

– O prazer é todo meu – disse-me sorrindo, enquanto eu lhe apertava a mão úmida e calosa que acabava de enxugar no pano de prato que ainda segurava na mão esquerda.

Marta era uma mulher alta, esbelta apesar dos seus 50 anos, e trazia no rosto que ainda mostrava os traços de uma beleza murcha pelo sofrimento, os sulcos produzidos pelas lágrimas que por ali escorreram silenciosas durante décadas. Trazia também um ar de serenidade, mas acima de tudo trazia um ar de confiabilidade. Marta era descalça. Descalça de vaidades, descalça de quaisquer ostentações, e descalça de sapatos. Seus pés, que mais pareciam dois pedestais, mas que se moviam com extrema agilidade, nunca em sua vida sentiram o conforto de um sapato, sandália, chinelo ou qualquer outro calçado. Vinda de uma família numerosa, cuja pobreza era de fazer dó, passou toda a infância, e o que hoje chamamos de adolescência, descalça. Até aí, Marta não era diferente da maioria das meninas e meninos pobres que viviam no campo – meu pai, por exemplo, dizia ter calçado o primeiro par de sapatos aos 18 anos. Mais tarde, já mocinha, quando lhe compraram um par de sapatos, ela o deu para a irmã mais moça, por não se acostumar com aquilo lhe apertando os pés. Queria caminhar sentindo a terra – dizia. Desde então ganhou o apelido de Marta Pé no Chão. Apelido que com o tempo foi sendo reduzido, primeiro para Marta Pé, e mais tarde, para os mais íntimos, somente Pé.

– Mas e no casamento? A senhora entrou na igreja descalça? Perguntei depois de passar um longo tempo apenas ouvindo sua história.

– O vestido era longo e arrastava no chão – disse com um sorriso maroto. – E continuou sem tirar do rosto o sorriso: – Eu ria por dentro pensando na curiosidade do pessoal.

– O apelido não a aborrecia?

– No início sim. Não era agradável ser chamada de Pé por minhas amigas, e principalmente pelos rapazes. Mas com o tempo me acostumei e passei a não ligar.

No dia em que a conheci, percebi que o filho a tratou com frieza. Pediu-lhe a bênção, apresentou-me e passou por ela sem tocá-la sequer. Quanto a ela, o brilho dos olhos denunciava seu amor por ele. Uma semana de ausência do filho mereceria um abraço, que certamente ela receberia com grande alegria. Só não a abracei naquele momento porque com certeza a deixaria constrangida, porém, ao despedir-me no dia seguinte à tarde, a abracei com o mesmo carinho com o qual abraçava minha mãe... então já éramos amigos. Talvez o filho se envergonhasse pelo fato de a mãe estar descalça, pensei. Se já conhecesse a história, eu saberia que se assim fosse, ele seria um eterno envergonhado, porque ela não estava descalça... ela era descalça.

Durante as minhas incontáveis idas àquela cidade, durante os três anos de namoro e noivado, e mesmo depois de casado, nunca deixei de visitar minha amiga. O engraçado da história é que nunca mais viajei com seu filho. Depois daquela primeira viagem, só nos encontramos na escola. Um dia contou-me que havia rompido o namoro, motivo pelo qual deixara de viajar para lá a cada 15 dias como fazia antes.

— Mas se você nunca mais foi lá, como rompeu o namoro? — perguntei-lhe um dia.

— Rompi por carta — respondeu sem demonstrar qualquer emoção. E continuou: — Na noite daquele sábado, não sei se você reparou, mas ela estava dando voltas no jardim fazendo o *footing* como se não fosse comprometida. Brigamos, e no dia seguinte não fui vê-la. Pensei bem e resolvi escrever-lhe rompendo o namoro.

— Vocês namoravam há bastante tempo, pensei que se casariam!

— Casar? Nem pensar! Eu ainda não estou preparado para isso.

— E sua mãe? Com certeza não estará satisfeita com essa sua ausência prolongada.

— Ela vai se acostumar, já está calejada em matéria de ausências.

As ausências a que ele se referia tiveram início com a do pai dele. O homem nunca fora lá o que se poderia chamar de um bom marido. Também não era muito chegado ao cabo de uma enxada, tanto que a parte do sítio do pai, que lhe tocou por herança, teria ficado abandonada não fosse por Marta, que com a ajuda dos cunhados conseguia arrancar daquele pedaço de terra o sustento para a família. Foram dez anos de trabalho duro, cuidando da roça, da casa e dos filhos, que cresciam em número e tamanho, enquanto o marido passava os fins de semana na farra, às vezes ausentando-se por uma semana inteira. Dos oito filhos do casal, seis nasceram no sítio. Marta tinha ainda como missão dar continuidade ao trabalho de parteira, que ainda moça herdara de sua mãe. Desde menina acompanhara a mãe pelos sítios da região onde moravam atendendo parturientes. Já mocinha, ajudava a mãe a fazer os partos, tendo assim aprendido o ofício. Quando sua mãe foi impedida por doença de continuar o trabalho, Marta assumiu a missão, que nunca abandonou, nem mesmo quando se mudou com a família para a cidade após venderem o sítio. Além de parteira, Marta aprendeu com a mãe o ofício de benzedeira. Benziam principalmente crianças. Mal de símio, espinhela caída, bucho virado, mau-olhado, lombriga assustada, etc. eram os males que acometiam as crianças que eram levadas para que a Pé ou a mãe as benzesse. Marta benzia também adultos que a procuravam com problemas de erisipela, lumbago e até dor de dentes. Sem contar que muitas vezes benzeu animais e até rebanhos inteiros, como prevenção contra febre aftosa e outros males. Pelo trabalho tanto de parteira como de benzedeira, Marta nunca recebeu sequer um tostão, pois que sempre os tomou como missão. O marido não via com bons olhos essas atividades da esposa, principalmente por serem de graça, e vivia a hostilizá-la por isso.

Morando na cidade, o marido que já era mulherengo, agora, longe dos irmãos a quem temia, dizendo-se insatisfeito com Marta, resolveu que iria trazer outra mulher para dentro de casa.

– Pode trazer – disse-lhe Marta –, afinal a casa também é sua, mas não pense que vou abandonar minha casa. Fico aqui com os meus filhos.

– Vou trazer e dormir com ela na minha cama – disse o marido.

– Então a cama vai ficar apertada – respondeu Marta –, porque também não pretendo deixar de dormir nela. E completou: – Vamos dormir em três.

Ao relatar-me esse diálogo mantido há 20 anos passados, seus olhos ficaram rasos d'água, de onde deduzi que Marta, apesar de tudo, gostara do marido. Imaginei então a humilhação, o sofrimento daquela mulher. Percebendo que o desabafo iria fazer-lhe bem, perguntei:

– E depois, o que aconteceu?

– Depois disso ele saiu batendo a porta e não voltou – fazendo uma pausa e agora sem conter as lágrimas concluiu –, foi morar com a outra.

— Mas ele continuou a ajudá-la com as despesas, ou não?

— Não, nunca mais me deu um tostão sequer. Mas também nem podia, porque logo perdeu o emprego no engenho e passou a ser sustentado pela amante. Depois de uma pausa para uma profunda tragada em seu cigarro de palha, vício que mantinha desde os sete anos de idade, continuou: — Passou então a viver nos bares e botecos, bebendo e fumando feito um doido.

— A senhora também fuma. Não acha que essa sua tosse é proveniente do cigarro? — Marta sofria de uma tosse crônica, a qual, segundo ela, era coisa à toa e por isso nunca lhe dera importância.

— Pode ser que seja — respondeu sem levantar os olhos das agulhas que esgrimia com extrema agilidade no trabalho de tricô. Não gostava de falar sobre o seu vício, por isso continuou: — Usou e abusou da coitada da amante por mais cinco anos. Um dia, caiu da banqueta do bar que por muitos anos usou com exclusividade. Teve um derrame.

— Fulminante? Morreu na hora? — completei, percebendo que ela não entendera a primeira pergunta.

— Não. Se tivesse morrido na hora talvez tivesse sido melhor para todos. Mas quem somos nós para determinarmos a hora da morte para quem quer que seja? Ele durou ainda mais 12 anos.

— E quem cuidou dele durante esse tempo?

— Eu, quem mais?!

— E a amante? Por que ela não se responsabilizou por ele?

— Ela nunca mais o viu. Também, pudera, depois de tanto sofrimento!

Por incrível que possa parecer, Marta era sincera em sua comiseração pela amante do marido. O notável naquela mulher era que ela nunca falava sobre seus feitos. Sua humildade era quase palpável. Sua luta como parteira, caminhando quilômetros muitas vezes a pé pelos caminhos invariavelmente escuros – as crianças na sua maioria resolviam nascer de madrugada – daquelas paragens. Seu trabalho abnegado de benzedeira, vezes sem conta largando o prato de comida na mesa para benzer uma criança, e nem por isso deixava de fazê-lo com carinho. O sofrimento advindo do quase desprezo do marido já no início da vida de casada, culminando com o abandono. A educação enérgica oferecida aos filhos. O respeito dos sogros e dos cunhados. Tudo isso chegou ao meu conhecimento através de minha sogra. Marta e minha sogra cresceram juntas na mesma fazenda, onde seus pais eram colonos. Mais tarde, os pais compraram sítios vizinhos, de maneira que a amizade entre ambas continuou. Minha sogra acompanhou de perto a odisséia daquela incrível mulher descalça. Minhas cunhadas vieram ao mundo pelas mãos calejadas e ágeis de Marta Pé. Mais tarde, já residindo na cidade, meus sogros não dispensaram a experiência de Marta quando do nascimento de minha mulher.

Foi também minha sogra quem me alertou sobre o estado de saúde precário de Marta Pé. Aquela tosse intermitente não fora a única herança deixada pelo tabaco. Aliás, a tosse era apenas a exteriorização do mal que haveria de matá-la... o enfisema pulmonar. Mas o algoz não se satisfaria em impingir-lhe o mal que iria tirar-lhe a vida, queria mais. As dores que Marta me dissera um dia sentir nos artelhos, já bastante encarquilhados, era uma doença que muito mais tarde soube chamar-se *arteriosclerose obliterante*. As dores eram provenientes da má circulação do sangue nas extremidades dos membros, o que levou os médicos a lhe amputarem, primeiramente, o pé direito. Mais tarde amputaram-lhe a perna um pouco acima do joelho. Se o enfisema não a matasse, provavelmente acabaria sem as duas pernas.

A última vez que a vi, Marta estava morando com uma filha no sítio, na região onde nascera e se criara correndo pelos campos e pastos, com os pés no chão. Encontrei-a muito abatida, sentada em uma tosca cadeira de rodas, esgrimindo suas agulhas de tricô. Aquelas mesmas agulhas com as quais ensinara tantas meninas a tricotar. Lá estava agora a Marta Pé, cujos pés descalços não mais correriam. Fiz uma visita de médico, não porque não quisesse usufruir da sua companhia, mas porque não me era nada agradável ver aquela criatura que fora uma fortaleza, desfigurada daquela maneira. Sua energia a estava deixando. Ela, porém, não acreditava que o cigarro, seu companheiro de tantos anos, havia provocado aquele desastre em sua perna.

– Foi a friagem – disse-me. Também, andei descalça por quase 60 anos. A friagem foi se acumulando e deu no que deu.

Despedi-me mal conseguindo conter as lágrimas e não voltei a vê-la mais.

Soube de sua morte algum tempo depois por minha sogra. Acabáramos de chegar para mais um fim de semana no interior. Minha esposa e as crianças ainda faziam festa com as filhas de minha cunhada que moravam na casa ao lado. Minha sogra deixou que eu colocasse a bagagem no quarto a nós reservado, e contou-me sobre o falecimento de Marta Pé. Embora fosse previsível, não pude conter a emoção. Sem dizer palavra fui para o fundo da chácara. Queria ficar só por alguns momentos para me lembrar de minha amiga. A manhã de sábado estava ensolarada. Ouvia o canto dos sanhaços sobressair-se aos gritos alegres das crianças. Lembrei-me dos longos papos que tivéramos, Dna. Marta e eu. Recordei-me então de um dos nossos últimos diálogos, após ouvi-la contar com a maior naturalidade, como havia cuidado do marido enfermo carregando-o até o banheiro para as necessidades fisiológicas. Dando-lhe banho todas as tardes. E eu a admirava cada vez mais, pois conhecia a história. Sabia como o marido a humilhara durante o tempo em que estiveram casados, culminando por abandoná-la, trocando-a por outra. Disse-lhe então:

– Sabe dona Marta, eu creio que a senhora está mais para Maria do que para Marta.

— Que história é essa de Maria? Do que você está falando?

— Estou falando da Maria, irmã de Marta, aquelas do Evangelho — e repeti —, a senhora se parece mais com Maria, que escolheu a melhor parte.

— Mas Maria era uma santa! Não era?

— A senhora também é. Pelo menos é o que mais se parece com uma.

— Eu uma santa!? Você tem cada uma! — e completou sorrindo: — Onde já se viu uma santa descalça!

10

Nem tudo eram flores

O desencarne de minha sogra acabou por afastar-me do abacateiro. Minha cunhada mudou-se indo morar com uma de suas filhas deixando a casa vazia. Aquela casa, nós a compramos para que minha sogra e a filha, ambas viúvas recentes, fossem nela morar. Agora, perdida a finalidade, me dispus a vendê-la, no que fui impedido por minha esposa que demonstrou vontade de conservá-la. Resolvemos, então, que a alugaríamos para que não ficasse abandonada. Em conseqüência, nossas viagens para o interior ficaram espaçadas. No início íamos uma vez por mês visitar a irmã de minha mulher. Íamos e voltávamos no mesmo dia, mas sempre dava tempo para uma rápida visita ao meu vizinho da esquerda, aquele mesmo que fora meu segundo parceiro de pescarias, e que agora, com problemas de saúde, deixara há algum tempo os peixes em paz. Essas visitas mensais eram, na verdade, um pretexto para estar, mesmo que por alguns minutos, próximo ao meu abacateiro. Foi assim que por cima do muro vi surgirem e crescerem os primeiros abacates. Os frutos ficaram bem maiores do que os da árvore-mãe.

– São abacates deliciosos – comentou meu amigo.
– Como sabe, já experimentou algum?

— Claro! Seu inquilino é muito boa pessoa, e de vez em quanto me passa um por cima do muro. Peça alguns a ele que certamente não negará.

Como que adivinhando, um senhor apareceu no quintal. O aluguel da casa ficara sob responsabilidade de uma imobiliária, motivo pelo qual a família que passara a ocupar a casa me era desconhecida. Apresentei-me, pedi um abacate e acabei ganhando três dos poucos que ainda restavam no pé. Assim, pude saborear os frutos oriundos da primeira florada do meu próprio abacateiro. Tinham um sabor diferente, muito mais agradável do que qualquer outro abacate que houvera comido até então. Minha esposa, entretanto, não via nada de diferente nos frutos. Para ela eram apenas e simplesmente abacates. E deviam ser mesmo. O sabor diferenciado naturalmente ficava por conta do feitiço que o abacateiro parecia exercer sobre mim.

Aqueles moradores ocuparam a casa por cinco anos, durante os quais me foi possível o acesso aos frutos. O abacateiro, a cada florada fazia vingar mais abacates que eram generosamente distribuídos aos vizinhos. Somente no quinto ano desse período é que minha atenção foi chamada para um fenômeno interessante que estava acontecendo com o abacateiro. O tronco da árvore, sem qualquer causa aparente, começava a inclinar-se para o lado esquerdo do quintal como se pretendesse debruçar-se sobre o muro. Lembrei-me então do fascínio que o abacateiro quando pequeno exercera sobre mim. Estaria agora tentando seduzir-me novamente com a aproximação da ponta de seus galhos do local onde me postava para vê-lo quando das minhas visitas? Seria possível que isso pudesse acontecer? A atração que parecia existir inicialmente era algo abstrato, sentida apenas por mim. Podia perfeitamente ser fruto da minha imaginação. Agora, porém, o que estava acontecendo era palpável. A inclinação era tamanha que foi notado pelo inquilino. — O que está acontecendo com essa árvore maluca? — ouvi-o certa vez resmungar.

Quando perguntei de que se tratava, assustado, pois não dera ainda pela minha presença do outro lado do muro, respondeu após cumprimentar-me:

– O abacateiro está entortando para esse lado, o senhor já notou? – e continuou sem me dar tempo para resposta:

– Não é esquisito?

O termo "esquisito" usado por ele confirmava meu pensamento inicial. Era esquisito porque não havia razão material para a tal inclinação.

Nossas viagens para o interior raleavam com o passar do tempo. Passamos a ir a cada dois ou três meses, às vezes mais, mas nunca deixei de visitar minha árvore amiga. O meu amigo de antigas pescarias tivera sua doença agravada, entretanto, sempre me acompanhou em minhas visitas até o ponto mais próximo do abacateiro. Jamais fez qualquer comentário, o menor que fosse sobre meu apego àquela árvore. No seu íntimo, certamente devia achar-me completamente maluco, ao ver-me acariciar as folhas do abacateiro como se estivesse acarinhando um ente querido.

Nos anos que se seguiram à saída dos primeiros locatários, não tive mais qualquer contato com os novos moradores da casa, sequer os conheci. A imobiliária cuidava de tudo, e meu interesse quando de minhas visitas, então bem mais esparsas, resumia-se ao papo com meu amigo ao pé do muro próximo ao meu abacateiro, que agora, com a esquisita inclinação, havia se achegado a mim oferecendo-me ele próprio seus frutos. Com essa nova situação, notou-se outro fato estranho. Os frutos agora pareciam ser mais abundantes nos galhos debruçados sobre o muro. Talvez uma explicação científica existisse para aquela aparente preferência da árvore. Quem sabe uma conseqüência da própria inclinação do tronco. Contudo, a minha explicação para a nova descoberta era mais simplista. Para mim, era mais fácil acreditar que o abacateiro estava tão-somente demonstrando sua amizade e gratidão pelos afagos e cuidados recebidos.

Em mais de 13 anos desfrutando do prazer de ter meu próprio abacateiro, saboreando seus frutos e sobretudo sabendo que outras pessoas, principalmente vizinhos, também o faziam, nunca me passara pela cabeça que uma árvore tão generosa pudesse despertar a antipatia de alguém. No meu entusiasmo ecológico, me esqueci que nem todos gostam de abacates, e que mesmo aqueles que apreciam essa fruta, se o sacrifício para consegui-la for maior do que o preço normal de mercado – e abacates são relativamente baratos – vão preferir comprá-la.

Neste nosso mundo, jamais alguém conseguiu ser unânime em simpatia. Tem sido assim desde que o homem passou a viver em sociedade. Nem o mais generoso e mais santo dos homens que passou pela face da terra conseguiu a façanha de agradar a todos. Como então, almejar que uma simples árvore o conseguisse? Sabia que não, no entanto, permiti que meu egoísmo e a paixão pelo abacateiro obliterassem minha visão e discernimento.

Os fatos há muito eram conhecidos de meu amigo, pois era um dos que sentiam na carne o problema. Até o atual inquilino, que a meu ver deveria ser o maior defensor da árvore, uma vez que no meu entendimento era o maior beneficiário, se desencantara e confessara seu desencanto ao meu companheiro de antigas pescarias.

O velho amigo e eu nutríamos um pelo outro um profundo respeito, e ele com seus gestos simples sempre demonstrara enorme prazer em privar de minha companhia, outrora nas pescarias e nos últimos anos em nossos papos no quintal, enquanto eu desfrutava do contato com o abacateiro. Sabia do meu apego àquela árvore, e por isso vinha de há muito protelando a hora de dar-me a desagradável notícia. O inquilino e os vizinhos afetados pelo problema o haviam incumbido de falar-me sobre os transtornos causados pelas folhas mortas e pequenos galhos secos caídos da árvore.

O abacateiro crescera mais do que o previsto para uma árvore enxertada. Seus galhos se expandiram para os lados invadindo os quintais contíguos. Somente eu não percebia o quanto aquele gigante verde incomodava.

Como nesta vida tudo tem um preço, a questão que ficava era: o preço a pagar pelos frutos sazonais que aquela gente recebia era justo? Não seria a exigência de trabalho diário de limpeza, ou o dissabor de ver suas tubulações de esgotos entupidos pelas folhas que teimavam em cair, um preço exagerado? Tudo ficava então resumido em um frio cálculo de custo/benefício.

Esses transtornos vinham ocorrendo há muito tempo, porém, somente agora, quando meu abacateiro exibia garboso sua décima segunda florada, meu amigo vinha alertar-me sobre os fatos que na verdade haviam estado o tempo todo sob meu nariz.

– É preciso que se tome uma providência – disse-me finalmente meu bom e não menos constrangido amigo.

Naquele momento, a vergonha era bem maior do que qualquer outro sentimento. Eu, que sempre primara por fazer o possível e o impossível para não perturbar meus vizinhos, permitira, com a minha absurda paixão, que tamanho aborrecimento ocorresse por tanto tempo. Sim, meu amigo estava coberto de razão, urgia que se tomasse uma providência. Mas que providência? Não tinha ainda, e nem podia ter, anestesiado que me encontrava pelo choque da informação, idéia alguma. Mas, o bom senso me dizia que devia pelo menos tranqüilizar meu amigo, e por isso lhe disse que não se preocupasse porque iria cuidar do assunto com todo carinho.

11

Um beijo de Judas

Na viagem de volta, pensando muito sobre os fatos, voltei no tempo e me lembrei da aflição sofrida enquanto buscava encontrar local apropriado para plantar o abacateiro. Foi dando tempo ao tempo que a solução apareceu como por milagre. Talvez, usando do mesmo expediente, outro milagre ocorresse. Desta vez, entretanto, a urgência era maior. O problema já vinha de longe, e aí pensei se meu amigo agira com acerto em não me alertar antes. É claro que não pretendia eximir-me de culpa. Não era do meu feitio escapulir às minhas responsabilidades. No caso em questão, entretanto, minha culpa era atenuada pelo fato de não conhecer a extensão do problema. Do ponto onde normalmente me postava para apreciar minha árvore, somente vislumbrava os galhos que se apoiavam no muro. Não tinha visão do restante da árvore e, portanto, não podia saber das trapalhadas que ela aprontava com seus galhos invasores.

Pensei, no momento em que tomei conhecimento do problema, até em pedir licença ao meu inquilino para adentrar ao quintal e tomar pé da real situação. No entanto, recuei, pois se o fizesse, certamente ouviria sugestões que talvez influenciassem uma decisão precipitada. Era preciso dar tempo ao tempo. Se já haviam esperado tanto, pensei que alguns dias a mais não fariam diferença. Tinha consciência de que estava tentando ganhar tempo, fazia o que no jargão futebolístico chamava-se "dar um balão". Eu estava dando um balão no problema.

À noite, já em casa, meditando sobre o assunto, me dei conta de que minha atitude havia decepcionado meu velho amigo. Eu sabia, e ele tinha consciência disso, que só havia uma solução. Então por que adiar? Deve ter se perguntado.

As flores viraram frutos, os frutos cresceram sem que eu voltasse lá para dar uma solução ao problema. Dessa vez não aconteceria nada parecido com milagre, e eu tinha plena consciência disso. Não era mais possível adiar o inevitável. Aconteceu que por essa época o inquilino se mudou e a imobiliária solicitava minha presença para acertamos alguns consertos e a pintura da casa. Resolvi, então, que passaria alguns dias por lá, providenciando eu mesmo o que fosse necessário.

Dessa vez viajei só. Ao chegar, utilizando alguns pedaços de madeira e meus dotes de carpinteiro amador, improvisei uma cama, e, tomando emprestado um velho colchão de minha cunhada, instalei-me na casa. Estava sendo extremamente difícil para mim encarar o abacateiro. Era como se a consciência me pesasse pelo que teria que fazer. Somente à tarde me aproximei dele, abracei seu tronco e permaneci assim por longo tempo. Foi o abraço agradável de dois amigos que há muito tempo não se encontravam. Essa troca de energia foi interrompida por um pensamento lúgubre que me acudiu e me deu arrepios. Aquele abraço lembrava o beijo de Judas, uma vez que não demoraria muito e eu iria entregá-lo ao seu algoz.

Naquele primeiro dia não voltei mais ao quintal. À noite, caiu uma chuva pesada e o dia seguinte amanheceu ainda com muita chuva. Aproveitei então para sair e acertar os detalhes dos serviços a serem executados no dia seguinte, com o pedreiro e o pintor. À tarde, a chuva parou e a noite sem lua mostrou-me um céu repleto de estrelas. Fazia um bom tempo que não via tantas estrelas em uma noite.

Na cidade grande tem-se a impressão que elas se escondem. Ou talvez, esteja ocorrendo que preocupado em excesso com as coisas da terra, o homem das grandes cidades tenha perdido o hábito de olhar para o céu. Naquela noite, após um lanche frugal, apaguei as luzes da casa e levando uma dessas cadeiras de praia, fui sentar-me debaixo do abacateiro. Meus olhos ainda ofuscados, procurando acostumar-se à escuridão, vislumbravam somente a luz dançante de algumas estrelas que teimosamente chegavam até mim, vazando a copa da árvore. Vez por outra ouvia ainda sons abafados de vozes dos vizinhos que se preparavam para dormir. De resto, o silêncio!

Viera ter ali em busca de paz para meditar, e, em minhas meditações, lembrei-me das palavras do Apóstolo dos Gentios: "O que quero não faço, e o que não quero, faço", numa tentativa de adequá-las ao que estava sendo impelido a fazer. As palavras do apóstolo, no entanto, referem-se à sua luta contra o chamamento da carne. Trata-se da batalha que cada cristão consciente trava contra suas imperfeições, que ainda afloram mesmo contra sua vontade. Por isso, não encontrei relação alguma entre o "não querer fazer" da famosa frase, e o meu. Se agora estava sendo obrigado a fazer o que não queria, era apenas para corrigir um erro do passado, quando por egoísmo, contrariando a lei da Física, quis manter próxima a mim uma árvore que, sabidamente quando adulta, seria maior do que a área onde seria plantada. E esse era o meu drama! O meu generoso amigo iria pagar pelo meu grotesco erro de cálculo.

Minha aflição não teve início ali, naquela noite, vinha desde o momento em que soube das queixas dos vizinhos e percebi o que deveria ser feito. Agora, que se aproximava o momento da separação, o sofrimento era maior. Quantas recordações, meu querido! A dúvida de onde plantá-lo; a esperança no método do enxerto; o temor do insucesso; a alegria do sucesso; o prazer da companhia amiga; as primeiras flores; os primeiros frutos, a saudade na distância e a alegria nos reencontros. Sua presença em minha vida, meu querido amigo, ocupando minha mente nestes últimos 15 anos, mesmo que às vezes por curtos lapsos de tempo, me foi de grande valia.

Aprendi com a Doutrina Espírita que pensamento é vida, é energia, e que, portanto, ocupa lugar no espaço. Uma prova disso é que não conseguimos pensar sobre duas coisas ao mesmo tempo, embora pareça possível dada a rapidez com que cambiamos de um pensamento a outro. Às vezes nos defrontamos com problemas ou mesmo idéias fixas, que nos assaltam a mente em momentos inadequados, muitas vezes nos roubando o sono, e permanecem malgrado nosso esforço para esquecê-las. Uma maneira mais suscetível de se afastar tais pensamentos indesejáveis é tentar substituí-los por pensamentos em coisas que nos sejam agradáveis. Muitas vezes usei desse expediente, fazendo com que o abacateiro viesse em meu auxílio. E ele, mais que depressa, se intrometia em minha mente, afastando pensamentos empacados. Não pretendo com isso que todos tenham um abacateiro em seu quintal, mesmo porque, com exceção das pequenas cidades, já não existem quintais. Cada um, porém, poderá ter o abacateiro que quiser na figura de uma paisagem bucólica, na visão de uma árvore solitária no alto de uma verde colina, num regato cristalino, num local agradável, ou na imagem do semblante de um distante ente querido. Isso tudo substituirá, certamente, o abacateiro. Entretanto, nunca devemos nos esquecer que a prece é e será sempre nossa melhor amiga nos momentos difíceis, devendo ser utilizada diariamente como medida preventiva e profilática contra pensamentos menos felizes, e também porque é sempre um refrigério para a alma.

Quando o assunto é a prece, lembro-me de minha mãe, hoje com seus 85 anos e morando com minhas irmãs. Nos tempos de criança, meu irmão mais velho e eu dormíamos em uma cama de casal. Minha mãe utilizava os pés da cama como depósito diário de roupas a serem passadas. Ela as recolhia do varal e as depositava lá, para a noitinha dobrá-las. Já deitados, meu irmão e eu observávamos de olhos semi-abertos nossa mãe orando enquanto trabalhava. Sabíamos que ela estava orando, pelos movimentos contínuos dos lábios e pelos sussurros às vezes escapados. Era reconfortante sabermos que éramos provavelmente os maiores beneficiários daquelas preces. Me recordo ainda com certa saudade, da primeira prece aprendida com minha avó paterna e com minha mãe. Foi a conhecida prece das crianças "com Deus me deito com Deus me levanto...", que utilizei durante toda minha infância e boa parte da adolescência. É de suma importância que as crianças aprendam e se acostumem a orar. Deve ser triste e até constrangedor para um homem adulto necessitar da prece e não saber orar. Necessitar de ajuda e não ter qualquer intimidade com Deus, com Jesus ou com a Espiritualidade para pedi-la. Quando os pais ensinam seus filhos a orar, além de garantir a tranqüilidade futura deles, pais, estão oferecendo a seus rebentos uma antecipação da mais útil das heranças.

12

Diálogo insólito

As noites trazem consigo os fantasmas. E quem não os tem! Os meus são, entre outros, as lembranças dos entes queridos distantes ou já desencarnados. Lembranças movidas pela saudade de um tempo de encontros alegres. Não que os de hoje sejam tristes, pelo contrário... É que naqueles tempos, nossos velhos ainda estavam conosco, e a alegria éramos nós que a levávamos quando chegávamos em suas casas com nossos filhos ainda pequenos. Saudade de minha mãe distante, de meu velho pai e de meus sogros que há algum tempo retornaram à pátria espiritual. Saudade de amigos e parentes distantes. Enfim, os fantasmas do tempo vieram ter comigo na solidão da noite.

Estava eu entretido nesse solilóquio, quando ouço uma voz vinda não sei de onde:

– Bons pensamentos, espero – disse a misteriosa voz.

Meus olhos agora já acostumados à escuridão, vasculharam o quintal. Não havia viva alma, no entanto, a voz prosseguia:

– Não se assuste, sou eu, seu amigo.

– Que amigo? Perguntei quase num sussurro, com a voz embargada de espanto.

– Seu amigo abacateiro.

Os fantasmas agora brincavam comigo! Não havia outra explicação, a menos que estivesse ficando maluco. Sempre houvera algo de estranho entre mim e aquela árvore. Mas daí a mantermos um diálogo era insano.

— Vamos, você não está louco!

A voz, o abacateiro ou sei lá o quê, lia meus pensamentos. Tentei falar, mas não conseguia articular as palavras. Não era medo. Era uma espécie de torpor tomando conta de meu corpo. E a voz que parecia vir de dentro de meu cérebro prosseguia:

— Acalme-se e fale comigo, você pode!

— Você é mesmo o abacateiro? Consegui balbuciar.

— Claro que sou... já disse, não disse?

Não, isso não podia estar acontecendo. Era total loucura! Talvez fosse fruto do sentimento de culpa; a consciência me acusando; autopunição, sei lá mais o quê.

— Não é nada disso, mesmo porque você não tem culpa do que está para acontecer.

— O que é que está para acontecer? Perguntei, agora já mais calmo.

— Você vai me cortar, não vai? Não é esse o motivo de toda essa preocupação?

Ele sabia! Era como se fosse um prisioneiro condenado à pena de morte. Todos temos que morrer um dia, porém, ignoramos quando. E é justamente nessa nossa ignorância que se manifesta a sabedoria e a misericórdia Divinas. Deve ser terrível saber-se quando se vai morrer, e ele sabia... não sei como, mas sabia. Agora, aguardava uma resposta, mas diante de meu mutismo, continuou:

— Não existe outra alternativa, se existisse você já a teria encontrado. Vou ter mesmo que morrer, não é assim? Insistiu.

— Não totalmente – disse já arrependido de ter dito.

— Como assim? Será possível morrer-se parcialmente?

É incrível como as palavras parecem trair-nos. Se nossa língua fosse autônoma, se não fosse controlada pelo cérebro como o são todas as manifestações voluntárias de nosso corpo, poderíamos até pensar em traição. Entretanto, nós é que fazemos mau uso da palavra e, portanto, se traição houver, será sempre uma autotraição. Não existe o "falar sem pensar" muitas vezes usado como desculpa ou para atenuarmos nossa culpa quando deixamos escapar uma palavra inadequada ou ofensiva. Nossas palavras, se estivermos no completo uso de nossas faculdades, serão sempre filtradas pelo cérebro. Acontece que muitas vezes somos inconseqüentes, e era exatamente o que acontecia agora comigo. Deixara, de maneira imprevidente, escapar duas palavras que iriam colocar-me em situação difícil. Poderia perfeitamente consertar as coisas com o uso da inteligência, e ludibriar a misteriosa voz mudando o rumo do meu raciocínio e respondendo que ele não iria morrer totalmente, pois ficaria vivo no pensamento daqueles que o amavam. Entretanto, será que valeria a pena correr o risco mentindo? E se ele realmente podia ler meus pensamentos? Foi assim que resolvi não fugir à responsabilidade e respondi como responderia a um de meus alunos dos cursos de Espiritismo.

— É... existe algo em você que não vai morrer.

— Algo? O que seria esse algo? Seria por acaso o fingimento da morte?

— Como assim, fingimento? O que você quer dizer com isso?

— Refiro-me ao fingimento daquela senhora idosa que vivia na casa, que gostava de flores e costumava sentar-se à minha sombra.

Aquilo já era demais! Além de falar, não é que o abacateiro era vidente? Confesso que cheguei a ponto de irritar-me com tal descoberta. Eu, com quase três décadas de estudo doutrinário, expositor de tribuna e de classe, continuava um cego espiritual, e ele, uma simples árvore, conseguia ver espíritos. Resvalei na irritação, que só não aconteceu porque me lembrei dos alertas da doutrina com respeito à prática da humildade. Embora esteja ainda muito longe de ser humilde, preciso sempre que possível treinar os rudimentos dessa virtude. Todo aprendizado carece de treino. Até um simples sorriso precisa ser treinado.

Lembro-me que no início dos estudos doutrinários, ainda em tratamento espiritual, me entusiasmei com a idéia da vidência. Com o passar do tempo, porém, aprendi que nem todos possuem essa faculdade, aliás, os que a possuem são muito poucos, contudo, para sermos espíritas e médiuns, não necessitamos ver ou receber espíritos. É necessário, contudo, que busquemos com todo empenho nossa transformação, e que não fujamos das responsabilidades não só dentro da Casa Espírita como tarefeiros dispostos a executar a tarefa que nos caiba, como no lar, no trabalho, ou em qualquer lugar onde estejamos. Todo lugar é bom para se tentar colocar em prática o conhecimento teórico da doutrina. Pensando assim, respondi ainda intrigado:

– Ela não fingiu coisa nenhuma! Ela morreu mesmo.

– Vocês é que pensam. Depois da tal morte, continuei a vê-la cuidando das flores, como sempre fizera.

– O que você viu não era ela, pelo menos não totalmente. Você viu exatamente o algo dela que sobreviveu à morte.

– Você quer me convencer que depois de cortado e morto, vão continuar a ver-me? Sim, porque eu vi a velhinha exatamente como sempre a vira antes da morte.

– Não será bem assim. O algo imortal das plantas é diferente do algo pertencente aos humanos.

– Então o que é esse algo que me pertence e que sobreviverá após minha morte?

– É uma história longa e complexa, que talvez você não entenda. Creio até que não deveria ter tocado nesse assunto.

– Conte logo essa história e deixe o entendimento comigo – disse com petulância.

Isso não vai dar certo, pensei. Muitas vezes falara sobre o assunto em palestras e aulas doutrinárias, porém agora era diferente. Havia apenas um ouvinte e era uma árvore. Aquilo estava se tornando ridículo. Mas dada a insistência da voz, que cada vez mais me deixava a impressão de originar-se do meu íntimo, resolvi prosseguir naquele insólito diálogo. Para sentir-me menos louco, passei a falar como se falasse com meus "botões".

– Durante milênios, o homem debitou aos mistérios de Deus e aos milagres, tudo o que não compreendia ou o que não sabia explicar. Por conta da ignorância, a superstição fez perambular, pela terra, monstros, dragões, deuses, demônios e uma infindável lista de seres imaginários que a inteligência do homem criava, para explicar fatos e fenômenos que eram vistos ou sentidos, mas que à luz da razão eram inexplicáveis.

As religiões, por interesse ou porque verdadeiramente também eram incapazes de oferecer explicações convincentes a fatos e fenômenos que ocorriam com freqüência, e, bem como quanto às diferenças individuais que saltavam à vista, se limitavam a dar explicações pueris, a beatificar, santificar ou excomungar aqueles que eram protagonistas de fenômenos, aos seus olhos inexplicáveis, ou aqueles que se rebelavam contra seus ditames. Insatisfeitos com o que viam e ouviam, os homens de Ciência, os pensadores de um modo geral, assim como os contestadores da época, aos poucos se afastaram da religião tornando-se descrentes e engrossando a caudal do ateísmo no mundo ocidental.

Em meados do século XIX, obedecendo ao comando do Dirigente Espiritual maior deste planeta, os Espíritos Superiores utilizando-se de abnegados médiuns faziam chegar à humanidade terrena uma nova e revolucionária doutrina, denominada Espiritismo pelo seu excelso codificador. Essa doutrina, que nada mais era do que o Consolador prometido há 18 séculos passados pelo Mestre dos Mestres pouco antes de ser imolado, vinha então trazer luz à humanidade.

– Tudo bem até aqui? Perguntei como se estivesse expondo em classe durante o Curso Básico de Espiritismo, como sempre fazia quando de exposições longas e sem interrupções.

– Tudo bem! Exclamou. É uma bela história, mas não percebi o que isso tem a ver com o tal "algo" imortal.

– Vamos com calma! Por que essa pressa?

Aguardei, e o silêncio se prolongou dando a entender que não haveria resposta. Percebi então que ele não pretendia esticar o assunto para não interromper a explanação. Recebendo o silencioso recado continuei:

– A Doutrina dos Espíritos, como também é conhecido o Espiritismo, é ao mesmo tempo Ciência, Filosofia e Religião. É Ciência porque estuda a origem e a natureza dos espíritos e a sua relação com o mundo corpóreo. É Filosofia porque responde às questões transcendentais: de onde viemos, o que estamos aqui fazendo e para onde vamos após o desencarne. E é Religião, porque resgata a pureza do Evangelho e retira o véu de sobre as parábolas do Mestre, desnudando-as e tornando-as inteligíveis. O estudo da doutrina à luz do Evangelho redivivo faz surgir a fé raciocinada, promovendo a aproximação da criatura ao Criador.

– Hei! Será que posso interromper?

– Você já interrompeu, o que é agora? Perguntei com certa preocupação.

– Essa história tem a ver com o tal meu algo imortal?

– Tem a ver com o seu e com o meu, uma vez que temos a mesma origem – e criando coragem conclui: – Somos formados pelos mesmos elementos em evolução. Tudo evolui na natureza.

— Isso quer dizer que meu algo imortal vai evoluir e um dia serei um homem igual a você?

A situação tornava-se cada vez mais complicada. Se para algumas pessoas era difícil entender de pronto esse assunto, imagine para um abacateiro! Muitas vezes em nossas vidas criamos situações embaraçosas embarafustando-nos por caminhos de difícil percurso e ficamos na dúvida: seguir ou fugir. Percebi então o real significado do velho ditado popular "se correr o bicho pega, se ficar o bicho come". Sem saída, resolvi seguir e enfrentar o bicho. Assim, continuei:

— Como já disse, temos a mesma origem e somos formados pelos mesmos elementos. Portanto, basicamente tudo o que existe no homem existe no abacateiro. Tanto um quanto o outro possui na sua formação física os quatro elementos básicos que compõem todos os corpos: o carbono, o oxigênio, o hidrogênio e o nitrogênio. Esses elementos, assim como uma centena de outros já descobertos e catalogados pela Química moderna, são responsáveis pela composição de todos os corpos do universo. Desde o ínfimo grão de areia ao maior dos astros, do líquen às gigantescas sequóias, do pólipo ao elefante, e ao homem. Note-se, portanto, que para o Criador não existem corpos especiais, diferenciados, que devam ser formados por elementos especiais, sejam eles orgânicos ou não, de vegetais ou de animais ou mesmo do homem. Os elementos são os mesmos para todos os reinos da natureza.

Quando acontece o fenômeno da morte, os corpos entram em decomposição, e os elementos químicos que os formam, por serem indestrutíveis, uma vez libertos estarão prontos para participar da formação de novos corpos.

— Espere aí — interrompia-me mais uma vez a intrigante voz —, quer dizer então que esses elementos são finalmente o meu algo imortal?

A vontade que tive naquele momento foi confirmar e encerrar o assunto. Entretanto, acreditamos que se não é aconselhável discutirmos assuntos doutrinários com leigos, o bom senso nos pede que jamais percamos a oportunidade de passar informações a quem nos interpele, desde que essas informações estejam firmemente fundamentadas na Codificação Kardeciana. Até então, nada havia dito que não fosse corroborado pela Ciência, uma vez que ambas, a Ciência e a Doutrina dos Espíritos, caminham juntas, até o ponto onde a Ciência estaciona e o Espiritismo segue adiante. Daqui para frente, teria que ir com extremo cuidado para não entornar o caldo. Respirando fundo o ar fresco da noite prossegui:

– Por hora, para a Química, um átomo de oxigênio ou de hidrogênio é considerado um elemento, uma vez que não pode ser decomposto em outras substâncias mais simples. Entretanto, pelas informações recebidas do Plano Espiritual Maior, esses chamados elementos químicos são transformações de um único elemento denominado "Fluido Cósmico Universal", também chamado por alguns de "Hálito de Deus". Todo o universo encontra-se como que mergulhado nesse fluido, não existindo, portanto, espaços vazios entre as galáxias ou corpos celestes. Toda a matéria, em todos os seus estados conhecidos e em muitos outros não percebidos pelos sentidos humanos, tem sua origem nesse que é um dos dois únicos elementos gerais do universo.

– Você disse dois únicos elementos. Um é o Fluido Cósmico e o outro? Tornava a voz, desta vez com a pergunta que eu já esperava.

Sem dúvida alguma, o abacateiro, a voz ou seja lá o que fosse, revelava-se o ouvinte mais atento que eu jamais tivera. De maneira alguma, mesmo que quisesse e não era o caso, iria conseguir embromá-lo. Chegara agora no ponto crucial. No outro elemento estava o que ele insistia em saber. Restava-me, portanto, encontrar uma maneira simples de satisfazê-lo, já que me era impossível nessa altura escapulir. Vamos lá! exclamei de mim para comigo, e fui em frente:

– O outro elemento é o "Princípio Inteligente" ou "Princípio Espiritual". É, pode-se dizer, o embrião de espírito. Toda vida existente, seja ela vegetal ou animal, só é possível se esse elemento estiver presente. E isso se compreende porque a vida física existe em função dele, para sua evolução. Essa evolução se dá por meio de um longo estágio no reino vegetal, passando depois por um extenso período de aprendizado em corpos de todo tipo de animal, para posteriormente chegar a forma hominal e finalmente individualizar-se como espírito imortal. O espírito, a princípio simples e ignorante, fazendo uso do processo reencarnatório e com seu esforço próprio evoluirá até atingir a culminância da angelitude. Em todo esse processo, vê-se a suprema inteligência do Criador, que assiste ao crescimento de suas criaturas, do Princípio Inteligente à Angelitude, sob a égide de suas Leis eternas e imutáveis. Como podemos depreender, Deus não cria anjos ou espíritos perfeitos, seus filhos nascem todos iguais em simplicidade e ignorância, com um destino comum que é a perfeição a ser conquistada pelo esforço próprio de cada um. Como nos ensina o célebre Codificador da Doutrina: "Nascer, morrer, renascer ainda e progredir sempre. Tal é a lei". Um grande filósofo e escritor espírita retrata com rara felicidade a evolução de Princípio Espiritual, escrevendo: "O espírito dorme no mineral, agita-se no vegetal, sonha no animal e acorda no homem".

– Aí está meu amigo, o seu algo imortal, que é o Princípio Inteligente... satisfeito?

Esperei a resposta que não veio. Por um bom espaço de tempo só ouvi o silêncio. Pensei em interpelá-lo novamente, porém, achei melhor não. Resolvi aguardar calado e gozar daquele silêncio de campo-santo só quebrado pelo canto longínquo e sonolento de um galo teimoso.

Acordei com os primeiros raios do sol ofuscando-me a vista e sentindo no corpo o peso dos anos de uma maneira bem mais acentuada que sentiria acordando em minha cama. Após a sessão costumeira e necessária de espreguiçamento, senti que minhas idéias se aclaravam e aos poucos me vinha à mente a aventura noturna com todos os seus detalhes. Lembrei-me de cada palavra do insólito diálogo que mantive... com o abacateiro? Se disser a alguém que falei com uma árvore, pensarão que me falta um parafuso na cachola ou no mínimo que algum deve estar solto. Eu mesmo não consigo atinar com o que realmente ocorreu. O cansaço das atividades do dia, acrescido da forte tensão emocional provocada pelo que teria que fazer no dia seguinte, talvez me tenha afetado a mente a ponto de sonhar que falava com o abacateiro. Só pode ser essa a explicação. Se foi sonho ou não, a verdade é que aquele diálogo que mais pareceu monólogo me fez muito bem. E não sei bem por que, mas acredito ter sido bom também para o abacateiro. Estávamos ambos em paz naquela ensolarada manhã de domingo.

13
A dor da perda

Depois de uma rápida refeição, fui para o quintal aguardar a chegada da pessoa que me auxiliaria na infausta tarefa. O rapaz, namorado da sobrinha de minha esposa, se dispôs a tomar emprestada uma motosserra de um vizinho, o que, segundo ele, iria facilitar e ainda agilizar o trabalho do corte da árvore. Eu jamais presenciara uma motosserra em ação. A bem da verdade, sequer até então vira uma de perto.

No meu tempo de roceiro, árvores se derrubavam a machado, e cheguei mesmo a derrubar algumas. As matas de nosso Estado – extensas até meados dos anos 50 – foram devastadas a golpes de foice e machado. Árvores seculares que quatro homens não abarcavam, vi serem derrubadas. Um machadeiro dos bons, podia levar até oito horas para pôr uma dessas gigantes por terra. E era assustador o ruído provocado pelo deslocamento do ar seguido do estrondo na queda dessas gigantescas criaturas. Tudo em nome do progresso. Naquele tempo não havia consciência ecológica e ninguém falava em proteção ao meio ambiente, conservação da flora e fauna, preservação da natureza, nada disso existia ou então ninguém sabia nada sobre essas coisas no chamado sertão paulista. Eram precisos novos campos de cultura, não só para substituir as terras cansadas, mas também para dar oportunidade aos imigrantes – italianos, espanhóis e japoneses – até então colonos, que ansiavam por terras próprias. E os machados iam à frente como gafanhotos.

Nosso pecado não se limitou em devastar as matas. Também poluímos as águas dos rios, lagos e até do oceano, e empestamos o ar das cidades, na busca frenética por bem-estar e conforto. Mas, como neste mundo tudo tem um preço, já estamos sentindo na pele e nos pulmões o custo desse progresso desordenado. Estivemos, feito inquilinos irresponsáveis, bagunçando a Casa do Pai, e nosso descalabro já está sendo cobrado e o será até o último ceitil. O Pai nos deu o livre-arbítrio, porém, nos responsabilizou pelos nossos atos.

Hoje já a consciência nos cobra uma atitude reparadora em relação à natureza. Isso não mostra em absoluto uma grande evolução moral por parte do homem. O que realmente ocorre, é que percebemos que estamos sendo vítimas dos nossos próprios erros, e para que tenhamos uma melhor qualidade de vida se torna necessário preservar o que ainda resta da flora e da fauna, e iniciarmos um trabalho de recuperação nos danos causados pela ganância de alguns e pela ignorância de muitos.

Havia deixado a porta da rua aberta, de maneira que o rapaz armado com a terrível motosserra entrou e aproximou-se de mim sem que me desse conta, perdido que estava em meus pensamentos.

– Bom dia – cumprimentou, e sem dar tempo de situar-me emendou: Como é, vamos ao trabalho?

Respondi ao cumprimento e pedi que antes subisse na árvore e apanhasse alguns frutos remanescentes que estavam nos galhos mais altos, como sempre acontece com os últimos frutos. Aprendi com meu pai, que os frutos da ponta das árvores pertenciam aos pássaros, no caso, porém, eram nossos uma vez que o abacateiro seria cortado. O curioso é que ainda restavam bem mais abacates do que conseguira enxergar olhando de baixo. Mais uma vez meu amigo vegetal me surpreendia fazendo com que mais frutos surgissem não sei de onde, talvez objetivando tranqüilizar-me mostrando não guardar ressentimentos.

Estava me sentindo bem, embora meio que anestesiado, o que de pronto debitei à noite de sono na desconfortável cadeira de praia. Bem, porém, triste! Em breve meu querido abacateiro não estaria mais ali. O quintal estaria vazio, sem vida. Sentia no âmago as conseqüências do apego, que por várias vezes fora tema de minhas palestras. Alertava eu, então, que sempre que nos apegarmos a alguém ou a alguma coisa, iremos inevitavelmente sofrer. Sofremos pela perda das coisas ou valores de posse temporal, esquecidos de que nada neste mundo das formas nos pertence. Tudo nos é emprestado pela Misericórdia Divina, como auxílio à evolução nesta caminhada terrena. Um dia, fatalmente partiremos de regresso à pátria espiritual, e nada daquilo que julgávamos nosso nos acompanhará. E a perturbação natural experimentada por um espírito ao deixar o corpo físico, será maior ou menor de acordo com seu apego à matéria, aos valores efêmeros que deixou para trás. Muito poucos alcançam a dádiva do desapego. Digo dádiva, mas na verdade não o é, porque conseguido com esforço próprio. Nada nos vem de graça, e não há espíritos privilegiados. Como espírito imperfeito que sou, não me lamentava, contudo, sofria. Num relance, passou-me pela mente as preocupações, as incertezas, as ansiedades e as alegrias que juntos passamos, o abacateiro e eu. Foram anos de muita alegria. Não havia o que mais pedir.

— Não há mais nenhum — gritou a voz lá de cima.

— Ótimo, então desça e vamos começar — disse enchendo-me de coragem.

— Acho melhor começar desgalhando aqui de cima, será que o senhor conseguiria passar-me a motosserra?

Meu sobrinho torto e lenhador improvisado, colocando o verbo no condicional, parecia pôr em dúvida minha condição física. Como nunca me preocupei com indiretas ou mesmo diretas a respeito de minha idade, fiz ouvidos moucos e me apressei em levantar a máquina e entregá-la para que pudesse dar início ao trabalho. No rastro do ruído do motor e da serragem que caía, meu pobre abacateiro foi se desmanchando. Fiquei pasmo com a rapidez com que o trabalho foi executado, e pensei no estrago que uma máquina dessas pode fazer em uma floresta. Em questão de minutos aquela bela árvore que tomava todo o quintal e avançava em mais três, era transformada em um monte de galhos e troncos. Mais alguns minutos e arrastamos tudo para a calçada em frente a casa, onde amontoamos para que no dia seguinte um caminhão levasse embora.

14

Enfim, a aceitação

O quintal ficou estranho sem a árvore que por mais de uma década o enfeitou. No local restou apenas um toco de uns vinte centímetros de altura, do qual pedi ao rapaz que cortasse uma rodela de mais ou menos cinco centímetros de espessura, para guardar como lembrança do meu amigo. No dia seguinte, o toco foi arrancado até a raiz e todo o quintal cimentado. Agora ficara mais estranho ainda. Outrora houvera hortaliças e flores plantadas por minha sogra de maneira pouco ordenada, mas que coloriam e perfumavam. Mais tarde veio o abacateiro que cresceu e se esparramou esverdeando tudo. O quintal árido e desértico perdeu por completo seu encanto. Os pássaros foram privados não só do alimento sazonal, mas também do local seguro para seus ninhos. Nunca mais meu quintal seria igual depois que por ali passou uma motosserra. E se não se dosar o apetite desses monstros mecânicos, muito antes do que se possa imaginar, as áreas ainda cobertas por florestas deste país estarão tão desertas quanto o meu pequeno quintal sem meu abacateiro.

Se uma árvore que não plantara e que não vira crescer estivesse causando prejuízo e por isso devesse ser eliminada, eu o faria, embora a contragosto, mas sem o menor sentimento de culpa. Entretanto, no caso do meu abacateiro, cortá-lo foi uma decisão muito difícil. Não me refiro ao ato em si, uma vez que não havia outra saída. A dificuldade pairou na decisão de quando seria e se eu estaria ou não presente ao ato.

Até a noite que antecedeu o triste acontecimento, sentado na cadeira de praia sob a árvore, ainda vacilava quanto a assistir a cena. Aconteceu que, terminada minha pretensa aula sobre o "algo" imortal de meu amigo, e após esperar em vão os comentários, passei a meditar e a orar. Vali-me então de uma prece difundida no mundo todo pelos Alcoólicos Anônimos. A Oração da Serenidade. Essa prece cabe em qualquer situação de nossas vidas, e por isso orei: "Concedei-nos, Senhor, a serenidade necessária para aceitar as coisas que não podemos modificar, coragem para modificar aquelas que podemos, e sabedoria para distingui-las". Não sei se cheguei a terminar a prece. Quando acordei estava em paz.

Muito do sofrimento humano está relacionado à não aceitação de acontecimentos que por sua natureza não podem ser alterados. São eventos que atingem o homem, por força da vontade do Pai, sempre, porém, visando o bem de seus filhos. Nós, filhos, é que muitas vezes não percebemos, impedidos que somos pela cegueira espiritual da qual ainda padecemos. Quiçá, depois de repetirmos durante mais algumas encarnações o "Seja feita a Vossa vontade, assim na terra como no céu", contido na Oração Dominical, também conhecida como Pai Nosso, prece que nos foi ensinada pelo próprio Cristo, venhamos a realmente confiar na vontade do Pai. Por enquanto, ainda esperamos que seja feita a nossa vontade. E como nas mais das vezes isso não ocorre, nos revoltamos ou vivemos enlutados pelas perdas.

O abacateiro, que agora já não existe fisicamente, continuará existindo em minha lembrança e irá integrar o grupo de meus amigos não humanos que já não mais pertencem a este mundo.

Os sentimentos de amizade e de solidariedade, que muitos já desenvolveram em relação aos animais e às plantas, são a retribuição pelo muito que vimos recebendo desses irmãos menores, que tudo nos dão e nada nos cobram, a não ser respeito.

GRÁFICA PAYM
Tel. (011) 4392-3344
paym@terra.com.br